水底を掬う
_{みなそこ} _{すく}

─ 大川小学校津波被災事件に学ぶ ─

河上 正二　　吉岡 和弘　　齋藤 雅弘

信 山 社

はしがき

　ここに「水底を掬う──大川小学校津波被災事件に学ぶ──」をお届けする。

　本書の題名については，少し説明をさせていただきたい。東日本大震災による津波に襲われた大川小学校の児童たちが，海の底に沈んで浮き上がることができなかった魂を，何とか掬い上げたいと日々泥水をかき分けた御遺族。その御遺族もまた，深い悲しみと葛藤の中で，水底に沈んでいたに違いない。民事の訴訟を託された2人の弁護士は，御遺族を水底から掬い上げるために，「皆さん一人ひとりが子どもの代理人になるのです」と語りかけた。「掬う」という文字は，決して上から引き上げて救済するようなものではなく，遺族に寄り添って，子どもの魂も，遺族の苦しみも，菊の形をした両手のひらで掬い上げようとすることを意味している。

　私たち3人は，この作業を通じて，事件から多くのことを学ばされた。人々の行動の背景にある感情，法に対する意識，司法の役割，法曹として為すことのできる限界など。社会が，この訴訟から新たに学ぶべきことは多い。裁判所の出した判断を，読み解くことも重要であるが，それ以上にこの裁判の過程で何が起きたのか，関係者はどう行動したのかを見つめることが重要である。研究者・実務家それぞれの立場から，全力でこれに取り組んだつもりである。副題をあえて「大川小学校津波被災事件判決に学ぶ」ではなく，「大川小学校津波被災事件に学ぶ」としたのは，そのためである。

....

　このタイミングで，本書を世に送り出すことになったのには，いくつかの契機がある。

　2011年3月，あの津波による東北地方の海岸沿いでは悲惨な事故が数多く生じた。「あれから10年」，日本人の心の中で「決して風化させてはならない」思いがあった。私たち3人は，とくにこの事件が風化していく

ことを，心から畏れた。この事件と，遺族達と闘いとった仙台高裁判決と最高裁決定を，今後の防災に活かしたいとの思いは，この節目の年に何とかして本書を世に送り出したいという原動力となった。おりしも，2022年4月からは「成年年齢の引下げ」が施行される。若い世代の人たちに，この事件を知ってもらいたいと考えた。同時に，学校防災や自然災害への対策にたずさわる人々にとっても，良き教訓の伝承となることを望んだ。社会が複雑化して，個人の予見や結果回避への努力だけでは，いかんともしがたい事態は増えてこよう。そんなときに，組織全体として何をなすべきかを考える素材ともなれば望外の喜びである。

　本書が1人でも多くの方々の手に届き，「大川小学校津波被災事件」という悲しい過去から，よりよい社会のあり方へと考えを進める契機となればと祈る次第である。

　本書の意図を深く汲み取って，公刊に向けて尽力くださった信山社の袖山貴・稲葉文子両氏には，深甚の感謝をささげたい。

　　2021年10月

河上　　正二

吉岡　　和弘

齋藤　　雅弘

〈表紙写真：只野英昭 撮影〉

目　次

水底を掬う

第1章

「大川小学校津波被災事件」判決を読むために

1　はじめに

津波による小学校での災害　2011年3月11日に東北地方を襲った大地震は，とりわけ2つの大きな災害を引き起こし，いまなお有形・無形の被害は拡大しつつある。1つは，東京電力福島第一原子力発電所で津波のために発生した冷却システム故障による炉心溶融（メルトダウン）による放射性物質拡散の被害であり，今ひとつは，地震津波がもたらした三陸沿岸をはじめとする東北各地の市町村の壊滅的被害である。その中でも，私たちの心をえぐるような悲しい出来事の1つは，石巻市釜谷地区にあった大川小学校の児童74名と教職員10名が津波に巻き込まれて，尊い生命を失ったという事実である（児童4名は未だ見つかっておらず，行方不明である）。

　地震発生後，津波は，北上川とこれに併行して流れる富士川を遡上し，校庭で先生たちの指示に従って待機していた児童達を無残に飲み込んでしまった。「あのとき，大川小学校で何が起きたのか」，地震後の空白の51分をめぐっては，様々な調査が行われたが，その実態は，必ずしも明らかではない。池上正樹＝加藤順子著『あのとき，大川小学校で何が起きたのか』（青志社，2012年），池上正樹＝加藤順子著『「石巻市立大川小学校事故調査委員会」を検証する』（ポプラ社，2014年）は，様々な資料を駆使して，事実を解明しようとしており，リチャード・ロイド・パリー（濱野大道訳）『津波の霊たち』（早川書房，2018年）は，イギリス人記者によるルポルタージュとして，事故の背景・経緯，教育委員会と保護者との対立，愛すべき人を失った遺族の苦しみや喪失感，葛藤，地裁判決が出るまでの過程が克明に示され，関係者の間にも実に多様な事実に対する見方があることを教えてくれる。

遺族の無念の思い　遺族の思いは複雑であろう。「なんで自分は被害の現場に立ち会えなかったのか」、「自分は子どもの命を救うことができたのではないか」、そうでなくとも、現場で子どもをかばい、被害を共有できなかった悔しさ、幸運にも「生き残った自分」を責める思い、「もう過去から逃れたい、忘れてしまいたい」という思いと「決して忘れまい」という思いの葛藤など。こればかりは、当事者でなければ本当に理解できない心の痛みに属するものであって、残念ながら、法律家は口を閉ざして立ち尽くすほかない。

法の役割を考える　ここでは、「事実」もさることながら、この事件をめぐって争われた、裁判所による認定や判断を素材として、この判決を読み解きながら、日本社会における法の役割とその限界についても考えてみたい。それは、おそらく日本人の司法に対する法意識の問題にもつながろう。それは、世間の根深い法や司法に対する拒絶反応のようなものかも知れない。

　震災から10年を経過し、大川小学校付近はすっかり整地され、学校を「石巻市震災遺構大川小学校」として残すことになった（遺構は2021年7月にオープンした）。この10年の遺族の思いを考えるとき、法律家にできることは何か、得がたい判決から何を学び取るべきか、を考えてみたい。これが本書の動機である。

　震災の問題を論ずることは、とても微妙である。あの災害で1万5,899人が亡くなり、2,526人の行方不明者の捜索活動は今も続いている。遺族や家族の価値観を大きく変えてしまった、震災被害を、安易に法が扱うことは控えねばならない。しかし、そのような限界を理解しつつも、法律家としての立場で、問題に取り組むほかない。

2　予備的知識

　判決を読むために、いくつかの予備的知識を説明しておくことが、法に馴染みのない読者にとっては、議論の展開についての理解を助けよう（特に第2章の議論展開では当事者の主張を理解するのに不可欠な前提知識である）。法をある程度ご存じの方々にとっては不要のことかもしれないが、実は、本

書には，これまでの不法行為責任の伝統的理解に対する一部挑戦的内容が含まれていることから，確認の意味も兼ねて読み進めていただきたい。

（1） 不法行為責任

不法行為責任の要件　　第1に，この事件は，「民事(みんじ)」の責任の所在について司法に判断を委ねた，「不法行為」訴訟である。そこで，まず不法行為法の構造を明らかにしておこう。

民法709条は，「故意又は過失によって他人の権利又は法律上保護される利益を侵害した者は，これによって生じた損害を賠償する責任を負う。」と定め，加害者の被害者に対する責任を規定している。これは，あくまで加害者対被害者の当事者関係についての規律である。被害者は，709条の定めに従って，その要件である①「故意又は過失」，②「権利又は法律上保護される利益を侵害したこと」，③「生じた損害」，①と②，②と③を結ぶ「…によって」が示す，④因果関係を，それぞれ主張・立証して（これらが一般的不法行為の「要件(ようけん)」となる），これに成功すれば損害賠償請求という「効果」が認められる。もちろん，加害者には，かかる行為が，自己の過失によるものではないこと（たとえば不可抗力であった等）のほか，責任能力のない状態でなされたこと，当該行為が違法性を欠く正当業務行為であったこと，などを反論して（これを「抗弁(こうべん)」という），裁判所の判断を仰ぐことになる。多くの事件において，この中で最も難しいのが「過失」の立証である。「過失」は，通常，「予見可能性を前提とした結果回避義務違反」として認定されるが，その背後には，「予見義務」の存在や，「結果回避可能性」が存在していたことを明らかにしなければならない。過失のないところに責任は発生しないという「過失責任主義」は，民法の大原則の1つとなっており，個人の行動の自由を保障している。また，今日の不法行為法では，従来必ずしも明確でなかったきわめて多様な利益が問題とされるようになっており，特に「人格的利益」（氏名権・肖像権・貞操権・プライバシー権など）が重視されている。その意味で，不法行為法には「権利創設的機能(けんりそうせつてききのう)」があるといってもよい。「権利の侵害」は，しばしば「違法性(いほうせい)」という表現に置き換えられて語られるが，違法性は，不法行為責任を否定する

場合の「消極的要件（違法性がないこと）」を示す場合に用いる方が適切であるように思われる。

代位責任ということ　他方，加害者個人の責任を超えて，民法715条では「使用者責任」として，「ある事業のために他人を使用する者は，被用者がその執行について第三者に加えた損害を賠償する責任を負う」と定めている（715条第1項本文）。この「使用者責任」は，被用者のなした不法行為について，そのような加害者を被用者として選任・監督するにあたって相当の注意を欠いていた場合に（715条第1項但書き），被害者保護のために使用者が被用者に代わって責任を負うという構造になっている（これを「代位責任」という）。原子力損害賠償法のように「無過失責任」とまでは言えないこのような中間責任は，利益の帰するところに損失も又帰するべきであるという「報償責任」の考え方によって基礎づけられることが多い。しかし，その構造は，あくまで，加害者個人の自己責任を基本として，若干の例外的修正を施すというにとどまるものである。そのため，使用者も被用者と「連帯して」損害賠償責任を負うが，後から，被用者に求償（自己の最終負担分以上の賠償の取り戻し）が認められている（715条第3項）。要は，被用者に賠償資力がないときの無資力リスクを，被害者ではなく使用者が負う形になっているわけである。もっとも，最近では，被用者の管理が十分でなかったなどの固有の責任が使用者にもある点を捉えて，使用者自身が負担すべき割合も観念されるようになり，場合によって，使用者自身が709条の責任を併せて負うことも認められている。危険な状態や劣悪な就労環境で，被用者に事業を敢行させたような場合を想像すればわかるとおり，純粋な代位責任とばかりもいえず，少なくともその損害発生への寄与の一端には使用者自身の責めに帰すべき部分もある。そこで判例上，求償権は信義則上，一定範囲で制限されている。理論的には被用者からの「逆求償」も認めて然るべきであるとされている。

　以上のように，不法行為法は，ある者に社会的に好ましくない不利益状態が発生した場合に，一定の要件のもとで，そのような不利益を被っている者（被害者）から他の者（加害者）に対して，不利益状態の除去や損害の

填補を要求できるものとする制度である。訴える側を「原告」（Xと表記することが多い），訴えられる側を「被告」（Yと表記する）と呼ぶ。他に転嫁できないような損害やリスクは自ら甘受するほかない。不法行為法と並んで大きな領域を形成している「契約」に関する法が，資本を一回転させて，来るべき社会関係や人間関係の形成を支援するための「前向き」の制度であるのに対し，不法行為法は，本来あるべき状態の「へこみ」を回復して修復するための救済措置という「後ろ向き」の性格を持っている。

不法行為の効果は限られている

不法行為責任の原則的効果は「金銭賠償」であるが（722条1項），名誉毀損の場合の特則を見てもわかるとおり（723条），必ずしもこれに限られない。「権利の侵害」の意味合いが拡張された今日では，敢えて表現を置き換えるまでもないが（720条も参照），被侵害利益は，財産的利益に限られず，加害者は，「財産以外の損害（精神的損害）」についても責任を負う（710条，711条）。そうは言っても，単に「悔しいから謝れ」といったことは，不法行為訴訟では認められていない。相手方の思想・信条・良心の自由も尊重されなければならないからである。このことは，法の限界というべきかも知れないが，被害者の「声の大きさ」や，「涙の量」を，法には顧みるツールがない。

懲罰的損害

かつて「水俣事件」で，不知火海に未処理で排出された有機水銀によって，胎児を失った母親が，企業責任者に「この水を飲め」と迫る場面が石牟礼道子『苦海浄土』で活写されたが，その脇で「賠償金」について話し合いを持ちかける法律家の姿は，いかにも「場違いな」感じがしたことを思い出す。被害者の心情と法律家の議論には一定の隔たりがある（本事件では，この隔たりを埋めるために2人の弁護士が苦闘している様が語られる）。なお，不法行為の効果について，かつて，ローマ法に見られたような懲罰的な性格は影をひそめて，刑事責任との役割分担をすすめており，今日では，むしろ「被害者の救済」あるいは当事者間の「損害の公平な分担」に重心をおいていることは理解しておく必要がある。どこかのドラマに出てきたような「倍返しだ！」は，少なくとも日本の法制上は認められないし，「土下座して謝れ！」といった主張も

法的には許されることではない。

（2）　国家賠償責任

国家賠償責任　　第2に，この事件は，不法行為法の中でも，やや特殊な「国家賠償責任（こっかばいしょうせきにん）」に関する訴訟である。国家賠償法（昭和22・10・27法125号）の第1項では，「国又は公共団体の公権力の行使にあたる公務員が，その職務を行うについて，故意又は過失によって違法に他人に損害を加えたときは，国又は公共団体が，これを賠償する責に任ずる。」とし，第2項では「前項の場合において，公務員に故意又は重大な過失があったときは，国又は公共団体は，その公務員に対して求償権を有する。」と定める。この規定は，先に述べた民法の使用者責任に関する715条と，非常によく似た構造を持っているが，求償に関する部分で，公務員の「軽過失（けいかしつ）」の場面については求償しないことにしている点が特徴である。公務員が，自分のちょっとした落ち度が「過失」と評価されることを恐れて，その職務の着実な遂行を躊躇（ちゅうちょ）することがないようにとの配慮による。大川小学校のような公立学校の教職員もまた，公務員である。ここでも，公務員個人の不法行為責任を前提として，国や公共団体が「代わって」責任を負う形になっている。

「現場の過失」と，「組織の過失」　　もちろん，団体や組織自体が，固有の不法行為責任を負うとする考え方は，民法においても部分的に見られる。いわゆる「法人」の不法行為である。かつては民法典の中に規定があったが，現在では，「一般社団法人及び一般財団法人に関する法律」（平成18・6・2法48号）で規定されている（同法78条，198条）。その意味では，法人を動かしている人々の故意や過失から，法人自体の責任にまで及ぶ考え方は，決して突飛なものではない。「現場の過失」と，「組織の過失」は別々の基準時で判断に服することになる点には注意が必要である。

3　判決文の構造

判決文の構造　判決文の構造は，結論である「主文」,「当事者の求めた裁判」と双方の「当事者の主張」,「判決理由」で出来上がっている。この「判決理由」には，当事者双方の主張を踏まえて裁判所が認定した事実（認定事実）と，これを前提として，裁判所が主文の結論に至った理由が記されている。ここで注意しなければならないのは，「認定事実」が必ずしも「真実」ではないということである。訴訟当事者が，証拠（これには人証と物証がある）にもとづいて主張した事柄について，裁判官が何が事実であるかを判断することになるが，その過程では，当事者の法廷での応答で「争わない」事実は，それで確定させ，「知らない」とした事柄については当事者の一方の立証から判断して裁判官の自由心証により判断し，「否認」又は「争う」とした部分については双方の主張・立証により判断する。つまり，当事者が争わない事実であれば，そこに居た「カラスは白かった」ことになり，争っている場合も裁判官の自由心証によって「それが事実らしい」と考えた事態が，認定事実となるわけである（自由心証主義）。もちろん，裁判官による「求釈明」（裁判官自身が当事者に質問をして，主張・立証を求める）もある。

　裁判所での当事者の攻防は，まさにこの請求権発生の要件を基礎づける事実をめぐっての，物証や人証（証人による証言）をめぐっての争いとなり，代理人の力量が試される。専門的な事項に関しては，専門家による「鑑定意見書」なども参考とされるが，これも原告・被告の双方から出てくる可能性もある。したがって，「認定事実」は，客観的事実つまり「真実」に近いかも知れないが，そうでないかも知れない。当事者は，裁判所に「全てに黒白の決着を付けてほしい」と望むであろうが，裁判所は，訴えの内容に応じて，判断に必要な事実を探ることに集中する。

　当事者の求めた裁判の結論部分は，「訴状」に示された「請求の趣旨」によって明らかにされているが，裁判所がその全てに対してこれを認める（請求認容）判断をするわけではなく，請求の一部を棄却することもある。被害者にも落ち度があるときには「過失相殺」として賠償額の調整が行わ

れることもある。したがって，結局のところ「勝訴判決」といっても，「全面勝訴」の場合もあれば，「一部勝訴」の場合もある。マスコミ報道などで，勝訴・敗訴が大きく報じられることがあるが，この部分についても判決の意味を理解する上では注意が必要である。

4　最高裁判所

三審制　　日本の司法は「三審制（さんしんせい）」をとっており，最高裁判所は，その最終的な審理の場である。ただ，15名というわずかな裁判官で全ての訴訟を審理・判断することは困難であるため，事実に関する争いは，原則として第2審である控訴審裁判所（こうそしん）（高等裁判所あるいは簡易裁判所を第1審とするときは地方裁判所）までとされ，最高裁への上告は，専ら法律的問題についての判断となる。「法律審（ほうりつしん）」などといわれる所以である。下級裁判所で意見の分かれている法律解釈をめぐる争いが主要なものであるが，ときに，控訴審が採証法則に反しているような場合も上告理由となることがある。この「上告受理申立て（じょうこくじゅりもうした）」が認められる（受理される）かどうかが，最初の関門であり，ついで，上告の内容について，門前払いを意味する「却下（きゃっか）」，申し立て内容を否定する「棄却（ききゃく）」，申し立て内容を認める「認容（にんよう）」の3タイプの判断が下される。

　大川小学校事件の場合，第1審の仙台地方裁判所平成28・10・26判決（判時2387号82頁）では，津波到達の7分前に小学校脇の県道を市の広報車が通過して避難呼びかけをした時点で教員等に裏山への避難義務が発生するものとし，当該義務違反による「過失」を肯定して，請求を一部認容した。原告等および被告の市・県の双方から控訴がなされ，第2審である仙台高等裁判所平成30年4月26日判決（判例時報2387号31頁）は，原判決を変更して請求の一部認容となった（ただし請求内容の認容された範囲は拡大した）。その後，被告等から最高裁判所に上告されたが，上告は「不受理（ふじゅり）」となり，上告棄却の判断が下され，結果的に，控訴審判決が確定した（消費者法判例百選〈第2版〉101事件［米村滋人］参照）。したがって，我々の関心は，主として仙台高裁の判決に向かう。

5　仙台高裁判決の判断枠組み

仙台高裁判決の判断枠組み　　　　原審の高等裁判所判決はいう。

「市教委（教育委員会）は，Y1市が処理する教育に関する事務を管理・執行する者（地方教育行政法23条）として，A校長，B教頭及びC教育主任は大川小の運営に当たっていたY1市の公務員として，学校保健安全法26条ないし29条に基づき，…平成22年4月末の時点において，…宮城県防災会議地震対策専門部会が作成した平成16年報告…において発生が想定されていた地震（宮城県沖地震）…により発生する津波の危険から，大川小に在籍していた108名の児童…の生命・身体の安全を確保すべき義務を負っていた」／「学校保健安全法26条ないし29条が，…A校長らの義務として明文で規定した作為義務は，…児童の在学関係…成立の前提となる中心的義務であって，ある法律関係の付随義務としての信義則上一般的に認められるに過ぎない安全配慮義務とはその性質を異にする」。／「A校長等…に必要とされる知識及び経験は，…地域住民が有していた平均的な知識及び経験よりも遥かに高いレベルのものでなければならない。…A校長等は，Y1市の公務員として，本件安全確保義務を履行するための知識と経験を収集，蓄積できる職務上の立場にあった…。／「平成22年4月30日…において，A校長，B教頭及びC教務主任は，本件安全確保義務の内容として，大川小の危機管理マニュアルを，…少なくとも，津波警報の発令があった場合には，第二次避難場所である校庭から速やかに移動して避難すべき第三次避難場所とその避難経路及び避難方法を定めたものに改訂すべき義務を負った。」／「市教委としては，大川小から送付された危機管理マニュアルの内容に上記定めがあるかどうかを確認し，仮にその定めに不備があるときにはその是正を指示・指導すべき義務を負った」。／「A校長等は，…本件安全確保義務（本件危機管理マニュアル中…に，本件想定地震によって発生した津波による浸水から児童を安全に避難させるのに適した第三次避難場所を定め，かつ避難経路及び避難方法を記載するなどして改訂すべき義務）を懈怠した」。／「市教委は，…本件危機管理マニュアルの内容を確認せず，大川小に対し，その不備を指摘して是正させる指導をしなかった。…これは，市教委による本件安全確保義務懈怠にあたる」。

　以上の判示は，校長・教頭・教育主任等や市教委の各々の安全確保義務違反を措定して，そこから「各個人の現場での過失」を認定しているように見える。しかし，その実，「組織」としての過失の認定をしていると読むべきものであって，今後の学校防災に関する関係者の責任のみならず，災害一般における安全配慮・安全確保義務に関しても，広い射程を持つもののように思われる。

現場過失と組織過失　　ここでは校長等の個々の学校関係者の行為を独立に評価するだけではなく，防災担当者・市教委・校長・教員等が相互に連絡調整を行いつつ，一体として，児童の安全確保のための処置を執るべき義務の存在を前提として議論が組み立てられており，ときに，個々の行為者の過失には必ずしも還元できない組織全体の過失を認定している点に特に注意を促したい。個人レベルで「想定外であった」と言えば済む問題ではないのである。

6　日本社会における法の役割と限界

（1）　法に訴える

法に訴えることの意味　　「法に訴えて，救済に相応しい保護法益かどうかを裁判所に判断してもらうことは，決して非難されるべきことではない」という法意識を根付かせることは容易ではない。かつてドイツの有名な法学者イエーリンクは，「権利のための闘争」は，平和を実現するための手段であり権利の侵害に対する抵抗は私たちに課せられた義務であると述べた（イエーリンク『権利のための闘争』（岩波文庫））。しかし，日本社会では，裁判所の敷居は意外に高いのが現実である。

裁判所に訴えて争うようなことなのか　　大川小学校津波被災事件においても同じ問題がありそうである。遺族達の間には，学校関係者を「訴える」ことに躊躇いがあったようであり，全ての遺族の考えが一致したわけではない。また，一部勝訴判決が確定したことによって，金銭賠償を受けた遺族と，訴訟に参加しなかった遺族の間に，ある種の不公平感が生まれたであろうことも想像に難くな

い。被告たちもそうである。「自分たちも被害者なのだ」という感覚は，被告たちの間にもあったに違いない。同時に，「裁判所に訴えてまで，争うようなことなのか」という漠然とした思いや疑問もあったろう。

かつての「隣人訴訟」（津地判昭和58・2・25判例時報1083号125頁）の教訓は，いまだに活かされていない。

(2) 隣人訴訟の教訓

隣人訴訟で争われたこと　「隣人訴訟」は，次のような事件である。かつて，三重県のS市郊外に古くからある潅漑用溜め池の周りに，民間デベロッパーが建設した住宅団地があり，そこにX夫婦らとY夫婦らが住んでいた。昭和52年5月8日午後2時頃，X夫婦の子A（当時3歳4ヶ月）が，幼稚園仲間であるY夫婦の子Bのところへ遊びにきた。Y宅では，おりから夫婦で大掃除をしていたところ，子どもたちは2人で自転車に乗ったりして家の付近で遊んでいた。2時半過ぎ，X2が，買物に行く途中で立ち寄り，Aを一緒に連れて行こうとしたが，Aがこれを拒んだので，Y1が「いいではないですか」というような口添えをし，X2もそれではとAをそのまま遊ばせておくことにし，Y2に向かって「お使いに行ってくるのでよろしく頼む」旨を述べ，Y2は「子ども達が2人で遊んでいるから大丈夫でしょう」と応じた（判決理由は「これをうけた」という）。その後，10分ないし15分，子どもたちは，前と同様に団地内の道路や池に面した空き地で自転車に乗って遊んでおり，Y2が仕事の合間に2人の様子を見ていた。大掃除の最中でもあったため，7～8分間，Y2が家の中に入ったところ，その間に，子どもたちは，柵のなかった空き地（乙地）から溜め池の水辺へと降りていった。この池は，水辺から5～6メートルくらいまでは大人の膝程度の浅瀬であったが，その先で急に3～4メートルくらいの水深になっている。以前は，これほど急に深くなっていなかったが，最近，湛水のために水利組合が業者N建設を雇って深く掘り下げさせたものである。池の岸におりたった2人のうち，Aは，ふだんから活発な性格で，その日は5月といっても汗ばむような天気であったので，急に「泳ぐ」といって池の水の中へと入って

行ったらしい。Bは，日頃両親から池に入ると危ないと注意されていたために水辺に近づかなかったが，やがてAが水にもぐったまま出てこないので，家に戻ってY夫婦に異変を知らせた。Yらは早速Bを連れて池にかけつけ，近所の人にも手伝ってもらい池に入って捜索したところ，水際から5～6メートル沖の，深さ3～4メートルの場所にAが沈んでいるのを発見し，急いで引き上げて病院に運んだが，既に手遅れでAは助からなかった。

これが損害賠償請求事件となった。

裁判所の判断　　　裁判所は，この点を次のように説示している。

「Y1は，子供達が，水際まで自由に往来できる乙地で自転車に乗って遊んでいるのを認識していた。また，掘削により水深の深い部分が生じていること，Aが比較的行動の活発な子であること，Aが渇水期にはX1と共に中央部の水辺まで行っていたことを知っていた。かつまた，当日は汗ばむような気候であるから「乙地で遊んでいる子供ら，ことにAが勢のおもむくまま乙地から水際に至り，水遊びに興ずることがあるかも知れないこと，したがってまた深みの部分に入りこむおそれがあることは，Yらにとって予見可能なことであったというべく【予見可能性の肯定】，そうだとすれば，幼児を監護する親一般の立場からしても，かかる事態の発生せぬよう両児が乙地で遊んでいることを認めた時点で水際付近へ子供だけで立ち至らぬように適宜の措置をとるべき注意義務があったものといわなければならないから【結果回避義務の肯定】，かかる措置をとることなく，両児が乙地で遊んでいるのをそのまま認容していた以上【結果回避義務違反】，これによって生じた結果につき，Yらは709条，719条に基づく責任を負うべきものといわなければならない。」

法的判断がもたらしたもの　こうして，判決は「一部認容(いちぶにんよう)」となった。しかし，この判決に対する社会の対応は，異常でさえあった。当時のマスコミや社会の消極的反応は，このような紛争が法廷に持ち出されること自体に対する違和感に起因するもののようである。訴訟に対する伝統的な日本人の心情からすれば，通常であれば，こ

のような事件が裁判所で争われる可能性は決して高くない。にもかかわらず，本件で，当事者はかなり早い段階で訴訟提起に踏み切った。新聞報道でＸの代理人となった弁護士は，「子供を失ったＸさん一家はショックで心中まで考えたほどです。49日を過ぎて，Ｙさんのところへ水死事故の模様を聞きに行ったところドアにカギをかけて会ってくれない。そういうことが３回続いたうえ，Ｙさん夫婦が『もう終わったことで，私の方に責任はない』，『Ｘさん夫婦は若いのだから，また生めばいい』と近所で話しているというのが人づてに耳にはいり，腹にすえかねて訴訟を決意したわけです」と説明する（東京新聞昭和58・3・26）。また，原告としては，溜め池に防護柵がなかった点をついて地方公共団体の管理責任を追及することに主眼があり，その訴えを維持するには隣人も被告としなければ維持しにくいとの判断があった可能性もある（朝日新聞昭和58・3・8）。今後も継続する可能性のある人間関係の調整という観点からすると，あるいは，「和解」・「示談」・「調停」といった当事者の合意的要素を含む「訴訟外」での紛争解決の方法（ADRという）の方が良かったのではないかという意見も存在する。１つの社会的な紛争を解決するにはさまざまな方法があり，裁判による解決，法による解決，ひいては金銭による責任の精算という手法は，その中の１つの解決方法でしかない。裁判は，一定の法的側面に関する争いに一応の結着をつけるに過ぎない。もっと言えば，裁判所による解決は必ずしも終局的な問題解決を意味するものではなく，**総合的な社会関係調整プロセス**の一段階に過ぎない。しかし，裁判所に訴えて法による解決を選択した当事者の意思は最大限尊重されるべきものであり，ここでの紛争解決手段として「民事裁判」が不適切であったとは，決して言えない。

「隣人訴訟事件」は，その後不幸な経過をたどった。マスコミ報道に反応して，数百通に及ぶ多くの心ない電話や嫌がらせの手紙がＸ夫婦のもとに届き，多いときには１日300本もの嫌がらせ電話があったという。また，職場や近所との関係から，結局Ｘ夫婦は引越しを余儀なくされ，ついに部分的に勝訴したのにもかかわらず，訴えを取り下げる旨の申し出をするに至った。このときＹ夫婦の側では既に本判決を不服として上級裁

判所に対する「控訴」の手続を済ませていた。Yが，控訴手続に入っている場合，Xは，相手方の同意なしに一方的に「訴えの取り下げ」をできない（民訴261条2項）。X夫婦による訴えの取り下げの申し出が報道されると，今度はY夫婦に対して嫌がらせが始まった。電話や手紙などによる口汚い非難などで，Yもついに訴えの取り下げに同意した。その結果，訴訟は始めからなかったものとして白紙に戻り，確定してしまった（民訴262条）。この結末に，法務省は，当事者が「裁判を受ける権利」を侵害されたとして，国民に自粛を求める異例の法務省見解を発表して，事件に幕がおろされた。

日本人の法意識と精神的風土　報道機関が，実名報道で結果的に訴訟当事者を大衆の圧力（無形の暴力）の前に曝したことにも問題があったろう。しかし，これに反応した社会からの一部の行動はきわめて異常なものであり，しかも伝えられる内容は陰湿である。識者の一部には，「人倫未だすたれず」，あるいは「道理が法を破った」とするむきもあったが，むしろ言語道断であろう。事件によって，最も悲嘆にくれているのはX夫婦であり，事件に最も心を痛めたのがY夫婦であることは間違いあるまい。嫌がらせ電話や手紙は，そうした当事者をさらに傷つけただけでなく，どこにも紛争の解決手段を得ることのできなかった人から「裁判を受ける権利」を取り上げる結果となった。それは，事実関係や当事者の事情を充分にわからないまま，自己の独善的正義感情を相手に押しつける無責任かつ暴力的な行為というほかない。

　法を学ぶ者は，なにより冷静に事実関係を押え，さまざまな角度から法的問題を分析する能力を培い，同時に，当事者の行動の背後にある見えない事情にも思いをはせねばならない。

　日本人の法意識との関係で，先に見た社会の異常なまでの反応が何に由来するかという点には注意を要しよう。当事者のあまりにも日常的な関係や会話を前提とした本件訴訟について，誰もが，問題を身近なものと考えたことは事実であろうし，わが身に置き換えて過剰な情緒的反応を引き起こしたことは容易に推測される。あるいは，法とは違った「共同体ルール」が社会の底辺に根強く横たわっており，それが強く刺激されたのかも

しれない。判決に対する否定的反応は，そもそも，隣人間の民事責任というものに対する違和感に由来するもの，ここで適用された法律上のルールに対する反発によるもの，とくに判決が被告に要求した注意義務が法外であると考えたものなど実にさまざまである。そのほかにも，市や土地の管理者・建設業者などのいわば強いものが責任を免れてしまったことへの反発や，子供の死についての金銭的な賠償請求が（両親にとって）過度の不労所得と受けとめられた可能性もある。当時の本件に対する識者の評価も多様で，これは小さな村落的共同体の反民主的精神風土が頭をもたげたのであるとする意見，古き良き伝統的隣人観と現代的個人主義の亀裂がいみじくも露呈したものであるという意見，民衆の間にある「生きた法」への配慮が必要であることを反省させるものといった意見なども見られた。なかでも，法社会学者である六本佳平教授が，これを一種の「法化現象」（legalization）として説明しているのが興味深い。つまり，急激な都市化や工業化のもとで，従来の共同体的な人間関係や伝統的に培われてきた人間関係調整規範が大幅に崩れて，伝統社会内部の共通ルールやメカニズムでは解決できない問題が増加し（共通ルール自体が育ちにくい），結局「法」に解決を求めざるを得ない事態が増えていることの象徴的な事件というわけである。「法」と「法に似て非なるもの」の領域は，今日ではかつて以上に拮抗しあるいは重なり合っている。そうしたなかで，社会関係を，権利・義務の分配関係として読み直し，ルールに従って適切な紛争解決をはかるという紛争解決システムを根付かせて，社会の中で自律した責任ある個人を育成していくという課題は，いまなお我々の重要な課題というべきである（星野英一編『隣人訴訟と法の役割』《ジュリスト選書》（有斐閣，1984年）参照）。社会におけるルールとしてどのような解決のあり方が望ましいものであるか，人々の将来における行為規範のあるべき姿を見定めながら，問題を時間をかけて考える必要がある。「民法解釈学」が単なる条文操作の技術ではなく，多様な価値観や感情を持った「生きた人間の営み」を対象にしている「人間の学」であるということを常に意識する必要がある。

大川小学校津波被災事件判決から学ぶべきは何か

「大川小学校津波被災事件」を考えるに

際して，自分が子どもたちの遺族であったら，どう考え，どう行動するだろうか，教職員や教育委員会の構成員であった場合はどうか，そして，両者の立場をいったん突き放して「第三者」の目から事件を見た場合には，どう考えるべきなのかと，視点を往復させることが大切である。そのうえで，「大川小学校津波被災事件」で亡くなった人々のことを忘れず，事件を風化させることなく，将来に向けて私たちがなすべきことを理性的かつ真剣に考えるべきであろう。

7　個人の責任とシステムや組織の責任

個人の責任と組織の責任　先に，「大川小学校津波被災事件」の高裁判決が「個々の行為者の過失には必ずしも還元できない組織全体の過失を認定している」と述べた。これによって，伝統的な，個人の私的自治の一面である「過失責任主義」という考え方を拡張していることをどう考えるべきか。人間個人によるコントロールに限界がある問題領域が増えれば増えるほど，不法行為法は個人の領域から社会全体での負担分配の問題へと展開する。とりわけ，そこでは，保険集団で負担を分かち合う保険制度等が重要な機能を営むことになるのであろう。こうして，不法行為法は，加害者個人に対する制裁（せいさい）から，被害者の救済，そして保険等を介在させた損失の公正な分担問題へと進展しているといえよう。ただ，爾後（じご）の求償問題まで視野に入れたときには，やはり社会的行為規範や義務の問題，ひいては，「いかなる理由にもとづいて誰が最終的に（金銭的評価を受けた）損害を負担すべきか」という「帰責（きせき）」の正当化の問題を避けて通るわけにはいかない。

　第2章では，まずもって，大川小学校津波被災事件の判決を，事実の側面と法的評価の側面からきちんと理解する作業を行おう。

大川小学校国賠訴訟
──津波被災事故における学校の設置，管理・運営者の組織的過失と責任──

I　その時，何が？

津波の発生　　2011（平成 23）年 3 月 11 日 14 時 46 分，東北地方太平洋沖を震源とするマグニチュード 9 の巨大地震（以下「本件地震」という）の激しい揺れが日本列島を襲った[*1]。これに続き，この地震によって引き起こされた巨大津波（以下「本件津波」という）が次々に東北地方の太平洋沿岸に到達し[*2]，未曾有の大災害を引き起こした。

東日本大震災の犠牲者は，東北地方の太平洋岸を中心に死者 1 万 5,899 人，行方不明者は 2,526 人に上り[*3]，亡くなられた人の 90.6 ％（1 万 6,427 人）が溺死によるものと確認されている[*4]。行方不明者を含めると約 1 万 9,300 人もの尊い命が，本件津波により失われた。

本件津波は，太平洋に面した宮城県石巻市の追波湾（おっぱわん）にも押し寄せた。追波湾には，岩手県に源流をもち，宮城県を流れ下る一級河川「北上川」が

[*1]　この地震は気象庁により「平成 23 年（2011 年）東北地方太平洋沖地震」と命名されている（https://www.data.jma.go.jp/svd/eqev/data/2011_03_11_tohoku/index.html）。また，2011（平成 23）年 4 月 1 日の閣議により同地震によりもたらされた震災を指す名称を「東日本大震災」とすることが決定された（菅内閣総理大臣記者会見〔https://warp.ndl.go.jp/info:ndljp/pid/2629568/www.kantei.go.jp/jp/kan/statement/201104/01kaiken.html〕）。

[*2]　東北地方太平洋沖地震合同調査グループの痕跡調査の結果によれば，岩手県大船渡市綾里湾で 40.1m の高さまで遡上したことが観測されている（https://coastal.jp/ttjt/index.php?「現地調査結果」参照）。

[*3]　総務省消防庁災害対策本部「平成 23 年（2011 年）東北地方太平洋沖地震（東日本大震災）について」（第 146 報：平成 24 年 9 月 28 日付）4 頁参照。

[*4]　総務省消防庁「東日本大震災記録集」第 3 章災害の概要（「3.2　人的被害の状況」）（https://www.fdma.go.jp/disaster/higashinihon/item/higashinihon001_12_03-01_02.pdf）82 ～ 84 頁。

太平洋に注ぎ込んでいる。追波湾に到達した津波は，河口から約 3.7 km 上流に位置していた石巻市立大川小学校（以下「大川小」とする）を呑み込み，さらに遡上した。大川小は，北上川を遡上して堤防を越流した津波と，追波湾から陸上を遡上した津波が加わり，2 方向からの津波に襲われた[*5]。

　大川小を襲った津波は，同校に通う児童 70 名と 10 名の教員の命を奪い，依然として 4 名の児童の行方が不明となるという未曾有の学校事故（以下「本件事故」という）を引き起こした。東日本の太平洋沿岸に設置されていた数多くの学校が本件津波で被災しているが，1 つの学校でこれほど多数の犠牲者を出した学校は，大川小以外にはない。そればかりか，1872（明治 5）年に学制が制定されて以来，これだけ多くの犠牲者を出した学校事故は 1 つもない。

大川小学校の子どもたち

保護者は，この日（3.11）の朝，いつもどおり我が子を学校に送り出した。同日 14 時 46 分に本件地震が発生し，それに続いて 14 時 49 分には，気象庁が予想される波の高さ 6m，15 時 14 分には同じく 10m 以上という，過去に経験のないほどの波高の津波が宮城県沿岸に到達するとの大津波警報を発令し，ニュースで流された。さらに実際に東北地方の太平洋岸の港に来襲する巨大な津波の映像を映したニュースがテレビやラジオで次々に流された[*6]。しかし，大川小に子供を通学させていた保護者は，学校の校庭のすぐ南側には，子供たちが授業の一環として椎茸栽培の学習でしばしば上ったり，また，遊び場にもなっていた裏山（正確には「ダルマツ山」と呼ばれていた）があるので，我が子はこの裏山に避難していてきっと無事だと信じて疑わなかった。

大川小を襲った悲劇

しかし，本件津波の被災から 1 日，2 日と時が経つについて，児童の保護者にも大川小の惨状

＊5　大川小の校舎 2 階の教室の天井には津波の痕跡が残されているが，これに基づいて計測すると，TP（東京湾平均海面）上 8.663m の標高の地点まで津波が達していたことが分かる。

＊6　NHK は 14 時 48 分 17 秒以降，総合テレビで放映中の国会中継を止めてスタジオから本件地震関連の放送に切り替え，かつ，テレビ放送の音声をそのままラジオでも放送する「T－R スルー放送」を開始した。これによってラジオでも岩手県や宮城県などの太平洋岸に本件津波が襲来する様相が刻々と放送された。

が明らかになっていった。被災の翌日には，引かずに残った海水や崩壊した堤防，膨大な瓦礫（がれき）で埋まった道なき道を乗り越えて大川小に辿り着き，我が子の捜索を始めた。しかし，保護者は，校庭やその周辺で変わり果てた我が子を見つけ*7，その亡骸に対面し，あるいはどんなに探しても我が子を見つけてやれない現実に向き合わされた。これは想像を絶する悲しみと苦しみであり，保護者は失意と共に奈落（ならく）の底に突き落とされた。

　それと同時に，なぜ，教員らは大川小の裏山に児童を避難させなかったのか，という大きな疑問が湧いてきた。この疑問は，その後，児童の保護者に対する大川小の校長（以下，「校長」とする）や石巻市教育委員会（以下「市教委」とする），そして石巻市長などによる遺族の心情を傷つけるような言動や，市教委による虚偽や責任回避と思われる説明を目の当たりにする中で，我が子の命が奪われたのは大川小の教員らが「救えたはずの命」を救う対応を取らなかったことによる「人災」だとの確信に変わっていった*8。

　こうして，本件津波で犠牲になった大川小児童の遺族のうち19家族，29名の保護者は，2014（平成26）年3月10日，大川小の設置・運営者である石巻市と大川小の校長，教頭及び教員らの給与負担者である宮城県を被告として，仙台地裁に国家賠償法にもとづき損害賠償責任を問う訴訟（以下「本件訴訟」とする）を提起した。

＊7　最も多数の児童が見つかったのは，北上川に架かる新北上大橋のたもとにある「三角地帯」と呼ばれていた地点の手前の山の端であった。同所では多数の児童の遺体が折り重なるようにして見つかっている。生存教員が市教委に報告した津波の目撃状況（学校前は波と波がぶつかるように渦をまいていた）からみて，「三角地帯」に移動中の児童はおそらく渦を巻きながら押し寄せた津波にこの場所で呑まれ，多数の児童が犠牲になったと推測される。
＊8　大川小国賠訴訟の訴状の請求の原因「第1　はじめに」は，次の文章から始まっている。「児童は津波により死に至ったのではない。学校にいたから死ななければならなかった。もし，先生がいなかったら，児童は死ぬことはなかった。本件は，明かな人災である。」これは，私たち（吉岡・齋藤）が被災児童の遺族から「現場をみてほしい」と依頼され，大川小の現場を訪れた後，犠牲になった児童の遺族のお宅で焼香をさせてもらった際，お茶を出してくれた児童の祖母が小声でぽつりとつぶやいた言葉「先生がいねがったら孫は死ななかったのしゃ。」にもとづく。小学校は，本来，社会で最も安全な空間でなければならず「先生がいたから孫は死んだ」という遺族の耳を疑う言葉は，私たちの胸に突き刺さった。

「先生がいねがったら孫は死ななかったのじゃ」　児童の遺族が提起した本件訴訟に対しては，

その後，2016(平成28)年10月26日に原告ら遺族勝訴の1審判決（仙台地判平成28年10月26日判例時報2387号82頁）が言い渡されたのに続き，2018(平成30)年4月26日には仙台高裁において，大川小の校長や教頭，教務主任および市教委（以下，これらをまとめて「校長等」とする）の「組織的過失」を認め，石巻市および宮城県に賠償を命じる控訴審判決（仙台高判平成30年4月26日判例時報2387号31頁）が言い渡された。

　本章では，まず，大川小児童の遺族らはなぜ本件訴訟を提起せざるを得なかったのか，本件訴訟は遺族にとっていかなる意味をもつものであったのか，本件訴訟は原告遺族らによっていかにして闘われ，画期的とも表される控訴審判決を獲得するに至ったのかを紹介する。

　そして，本件訴訟では何が争点として争われたのか，1審および控訴審がこの点についていかなる法的判断を行ったのかを解説するとともに，控訴審判決が自然災害における学校の設置・運営者らの「組織的過失」を認めるという画期的な判断を示したことの意義を明らかにし，同判決の射程及び応用範囲についても検討する。このことを通じ，学校現場における児童，生徒の安全のみならず，我が国の責任判断の枠組みに同判決が与える意義と影響にも触れてみたい。

II　大川小国賠訴訟とは

(1)　歴史・沿革と所在

<u>沿　革</u>　大川小は，1873(明治6)年，宮城県第二中学区第七十六小学校区桃生郡公立学校横川小学校として開校した，非常に長い歴史のある小学校である*9。

　その後，学制改革等による改称を経て，1901(明治34)年5月，当時の大

＊9　本件津波により，石巻市福地地区など一部を除き，大川小の通学区域の大部分が被災し，地域住民の多くが他への転出を余儀なくされた。そのため同校に通学する児童もほとんどなくなり，2018（平成30）年2月24日に閉校式を行って145年の歴史に幕を閉じた。

川村立大川尋常高等小学校となった。1955(昭和30)年3月には，町村合併で大川村が宮城県桃生郡河北町となり，1958(昭和33)年4月に河北町立大川第二小学校が独立し，河北町立大川小学校は河北町立大川第一小学校と改名した。その後，本件津波で被災した当時の校地に新校舎を建設した上，大川第一小学校と大川第二小学校を統合し，1985(昭和60)年4月，河北町立大川小学校となった。さらに「平成の大合併」と呼ばれた地方自治体の統合に合わせ，2005(平成17)年4月には河北町と石巻市が合併し，これにより設置・運営主体が石巻市に変わり，石巻市立大川小学校となった。

所 在　大川小の所在地は「石巻市釜谷字山根1番地」であり，その地理的状況は次頁の写真のとおりであった*10。大川小の北側約75m付近にある高さ3.125mの堤防を境にして北上川の河口手前で本流と甚平閘門(「釜谷水門」とも呼ばれていた)で繋がっている「富士川」が流れ，富士川の北側にこれと並行して高さ5.185mの本堤防(大川小からは約145mの距離に位置する)を境にして，川幅が新北上大橋付近で約300m，谷地中付近では約700mにもなる北上川が流れている。北上川の河床勾配は1万7000分の1(17km進んで標高が僅か1mしか高くならないくらい緩やかな勾配である)であり，我が国の河川の中でも際だって勾配の緩やかな大河であった。次頁の写真からも分かるとおり，追波湾に流れ込む北上川の河口付近には防潮堤も河川堤防も築造されていなかった。太平洋から押し寄せる津波は北上川を河川遡上するし，さらに甚平閘門から富士川に流れ込み，富士川も遡上する。また，河口付近の砂浜から陸上を遡上してくることも容易に予見できる地理的状況であった。

　このように，北上川が余り例を見ないほど河床勾配が緩やかな河川で

---

*10　大川小の所在地の地名「釜谷」の「釜(カマ)」は，東北地方に多い地名である。古語の「噛マ」に通じ，津波によって湾曲型に侵食された地形を表すとされている。また，字名の「山根」は「山の麓」の意味であると言われている(楠原佑介『この地名が危ない　大地震・大津波があなたの町を襲う』幻冬舎新書2011年12月〔48・101頁〕及びhttps://www.rakumachi.jp/news/column/121013参照)。この「釜谷字山根」という地名からも，大川小が設置されていた地点は，過去の津波による浸食地が山と接する際であったことが推測される。

大川小学校の位置　（被災前　1985 年 11 月撮影）

大川小学校の校歌2番の歌詞には
「船がゆく 太平洋の 青い波 寄せてくる波」
（控訴審判決63頁）

追波湾

堤防はない

樹高20m程度の
松林（防砂林）

北上川の河床勾配は1万7000分
の1程度と非常に緩やか

富士川

約3.7km

河北総合支所広報車が津
波現認しUターンした地点

1934(昭和9)年完了の河
川付替工事前は小河川
で名称は「追波川」

北上川

北上川の本堤防の高さ
＝5.185m

通学区域が広い

大川小学校

富士川の堤防の高さ
＝3.125m

海抜は1.12m

新北上大橋

「2011.3.11 東日本大震災津波被災前・後の記録」河北新報出版センター編（2012年6月）56頁の写真を元に弁護士齋藤雅弘が作成

あったことから，追波湾に到達した津波の遡上距離は，他の河川よりも長
い距離に及ぶことも容易に予見できるものであった[11]。

(2)　東日本大震災当日の教員・児童等の状況

教員・児童はどうしていたか　大川小は，河口から上流約 10 km 付近に
至るまでの広い北上川の右岸域を通学
区域とし[12]，児童総数は 108 名，震災当日は欠席・早退等の 5 名を除き，
103 名の児童が授業終了まで在校していた。なお，本件地震の発生後，保
護者等への引渡しにより下校済みのため本件津波の襲来時には学校の管理
下から離れていた児童が 27 名あった[13]。

　大川小の教員は，校長，教頭および教諭 9 名の合計 11 名おり，この他

---

[11]　国土交通省北上川下流河川事務所が，震災後に北上川の河口から順に「東北地方太平洋
沖地震津波到達」標識看板を設置したが，この標識看板によると，実際にも本件津波は河口
から約 49 km 上流の宮城県登米市中田町付近まで到達している。

の職員（会計担当の主事1名及び用務員1名）を含めると総数13名の教職員が在職していた。しかし，震災当日，校長は午後から休暇を取得して娘の中学校の卒業式に出席するために大川小を離れて不在であり，用務員は校務で学校を離れていたため，本件地震の発生時は教頭と教務主任，各学年の学年主任も兼ねる担任教諭*14，特別支援学級の担任教諭，養護教諭および主事の11名が在校していた。

（3）　東日本大震災による大川小の被災状況

被災状況 　2011（平成23）年3月11日14時46分，本件地震が発生し，これにより引き起こされた本件津波は同日15時37分頃*15，大川小に襲来した。

　本件津波により，地震発生後の校庭待機（第2次避難）中に保護者に引き取られた児童27名，生存教員（教務主任）と一緒にいたこと等，何らかの理由で他の児童と異なり「三角地帯」に移動する列には加わっていなかったことにより助かった2名の児童，および校庭から「三角地帯」に向かっ

---

*12　本文の写真でいうと，その下部に写っている新北上大橋の下に，さらに追波湾から新北上大橋までと同じ位の距離まで北上川の右岸を遡った区域を含むかなり広い通学区域をもつ学校であった。そのため，多くの児童が石巻市が地元のバス会社に業務委託して運行されていたスクールバスで通学をしていた。学校安全では，学校内での安全の問題だけではなく児童の通学における安全確保も非常に重要であり，通学途中の事故に限らず，災害発生時の児童の引き渡しに関するルールの整備と災害を想定した引き渡し訓練などは極めて重要である。大川小の児童が，このように広い通学区域からスクールバスで通学していたということからすると，通学に関わる平時から市教委や学校の対応が極めて重要となる。本件事件では学校の指示がないままスクールバスが校門や校庭脇に待機せざるをえなかったことから，バスの運転手も津波の犠牲になっている。また，本件地震の発生が児童の下校時間と重なっていたことから，戻ってくるはずの我が子や孫をスクールバスの停留所で待ち続けた結果，避難が遅れ本件津波の犠牲になった保護者も少なくない。このような実情からすると，本件事件ではこの点に関しても市教委や大川小などの「組織的過失」が問われて当然である。

*13　大川小学校事故検証委員会のまとめた「大川小学校事故検証報告書（以下「検証報告書」という。）」〔平成26年2月〕1頁。検証報告書は宮城県のホームページ「https://www.pref.miyagi.jp/uploaded/attachment/255443.pdf」及び同検証委員会の事務局業務を受託した「株式会社社会安全研究所」（代表取締役・所長首藤由紀）のホームページ（http://www.e-riss.co.jp/oic/pg85.html）でも公開されている。

*14　大川小は，1学年1学級の学校であったので学級担任が同時に学年主任を兼務していた。

*15　被災した大川小の校舎内にあった3つの時計は，それぞれ15時38分53秒，15時37分46秒及び15時36分40秒で停止していた（検証報告書63頁）。

て集団で移動中に津波に呑まれながらも奇跡的に助かった児童 2 名を除く
69 名の児童と教員 10 名が死亡し，早退していて自宅等で被災した 1 名を
含め 4 名の児童が行方不明となっている[16]。

1　本件地震発生後の状況

(1)　第 1 次避難と校庭への第 2 次避難

　本件地震の揺れが始まったのは，大川小の各クラスで下校前に毎日開か
れる「帰りの会」の最中，あるいはその終了直後であった。

　大川小のあった石巻市釜谷でも強い地震の揺れ（少なくとも「震度 6 弱」
程度はあったものと考えられる）が襲った。本件地震は，一度始まった揺れが
30 秒くらい続き，その後，いったん少し弱くなり，さらに数十秒後にま
た揺れが強くなり始め，2 度目の揺れは最初の揺れよりも大きな揺れと
なって続いた。石巻市内にあった「石巻特別地域気象観測所」の地震計の
計測によれば，震度 4 以上の揺れが約 160 秒間も続き，最終的に揺れが収
まるまでの時間は 3 分を超えていた[17]。この観測結果からみて，同じ石
巻市内にあった大川小でも同様の揺れが続いたものと考えられる。

　大川小の教員や児童が体感した本件地震の揺れは，これらの記録から分
かるとおり，児童はもちろんのこと，教員もそれまで経験したことのない
ほど強く，かつ，長い揺れを体感したものといえる。この点は，本件津波
の襲来の危険に関する大川小の教員らの予見可能性に，大きな影響を及ぼ
す事情であったといえよう[18]。

　本件地震の揺れが始まった際，児童は教員の指示あるいは自発的に教室
の机の下に身を隠す行動をとり，揺れが収まるのを待った（第 1 次避難）。

　本件地震の揺れが収まった後，教員の指示により在校していた児童全員

---

[16]　この他に本件地震当日に本件津波の襲来前に下校したり，欠席，早退していて自宅等で
　　被災したが助かった児童がそれぞれ 1 名ずつ（合計 3 名）いた（検証報告書 1 頁）。

[17]　土木学会の「東日本大震災被害調査団緊急地震被害調査報告書」「第 4 章 地震及び地震
　　動の特性」（4 ～ 11 頁）。

[18]　例えば，大川小に赴任する前は海岸沿いに設置されていた石巻市立相川小に勤務してい
　　た教務主任（生存教員）は，後述のとおり，本件地震発生直後から「これだけ大きな地震な
　　ら津波がこないはずはない」と述べたり，いち早く裏山へ避難するよう叫んでいたことなど
　　からも，同教員には津波襲来の予見可能性があったことは確かであろう。

が校庭に避難し，すでに下校を始めていた児童も校内に戻り，15時少し前頃までには，大川小の103名の児童と教員が校庭に避難（第2次避難）をした。教員は，児童を校庭に整列させて点呼を取り，また，校舎内等を見回って第2次避難に遅れた児童がいないことを確認した。

(2)　第2次避難後の状況と経緯

　校庭に避難した児童は，当初，学年毎に整列していたが，その後，教員から列を崩してもよいと言われたこともあり，親しい児童同士で丸くなったり，抱き合って座っていた者も多かった。また，不安や恐怖から泣いている児童も多数おり，教員が慰めて落ち着かせたり，高学年の児童が，低学年の児童の不安を和らげるために，ゲームや漫画の話をして気を紛らわせたりもしていた[19]。

　他方，学校に子どもを迎えにきた保護者や引き取られて帰宅した児童，津波に呑まれながら助かった児童らの証言等によれば，教員は我が子を迎えにきた保護者への対応をしながら，児童の列の前に置かれた式台の周囲に集まり，状況の把握と対応を相談していたと考えられる。なお，この式台の上にはラジオが置かれていた。教員らはラジオ放送を通じて，予想される津波の波高や到達地点，到達時間など本件津波についての情報を入手し[20]，本件津波に関するこれらの状況を認識していたと考えられる。

防災行政無線は何を伝え，教員はどう行動したか

　　　　　　　　　　　　　　　　　　　　　　第2次避難の開始後，大川小の校庭の西側の端に設置されていた防災行政無線のスピーカーから2度にわたり，

---

*19　児童が第2次避難をした校庭でゲームや漫画の話しをしていた点は，検証報告書では「子ども同士の会話内容はゲームやマンガ，翌週の時間割のことなど日常的なものだったとする証言もある」との指摘をすることで，危機感や緊張感のなさの事情として捉えているように思われる（検証報告書82頁）。しかし，私たち（吉岡・齋藤）が生存児童から直接確認したところによると，高学年児童が低学年児童の不安をなんとか和らげようとして敢えて興味を持ってくれそうなゲームなどの話しを持ち出したとのことであり，この点でも検証委員会の事実確認の不十分さが見て取れる。

*20　本件訴訟の1審判決は「テレビ放送からも情報収集していたのか否かは証拠上確定し得ない」と判示しているが，NHKラジオの「T－Rスルー放送」で音声で流された津波の襲来の実況の生々しさと臨場感は際だっており，一度チャンネルを合わせればこの放送に釘付けになったことは間違いなく，教頭ら教員らも同放送も聞いていたと考えられる。

大津波警報発令などの放送がなされた。最初の放送は14時52分に流され，サイレン音に続き2回「只今，宮城県沿岸に大津波警報が発令されました。」とのアナウンスがあり，続いて「海岸付近や河川の堤防などに絶対に近づかないでください。」とのアナウンスがされたが，この放送は同じ内容のものが2度繰り返された。2度目の放送は15時10分頃になされた。今度は最初はチャイム音が鳴り，その後，最初の時と同じく2回「現在，宮城県沿岸に大津波警報が発令中です。」とのアナウンスがあり，それに続き「海岸付近や河川の堤防などには絶対近づかないで下さい。」とのアナウンスがされ，1度目と同じくこの放送も同じ内容のアナウンスが2度繰り返して流された。

　防災行政無線で流されたこれらの放送は，校庭に避難した児童や教員らにも聞こえていたと考えられる。この放送を聞いて「ここは海岸沿いなの？」と不安を述べる児童や「大丈夫だぞ」と自分を励ます言葉を口にしたり「こんなところで死んでたまるか。」と話す児童もあった。また，不安になった児童から「山に登るの」と尋ねられたのに対し，教員が「登れないんだよ。あぶないからダメなんだ」「校庭にいた方が大丈夫だよ」と答えていたことも，生存児童の聴き取り記録に残されている。

　また，式台の周囲に集まって相談をしていた教員らは，その後，それぞれの対応のためにその場を離れたが，教頭と教務主任（生存教員）がそこに残り，2人でさらに話し合っていたことが生存児童や児童を引き取りに来た保護者によって目撃されている。この時の教頭との会話について教務主任は，保護者宛に経緯を説明したファックス文書の中で，次のとおり，これらの放送を聞いた上で教頭と会話を行ったことを明らかにしている。すなわち，教務主任は最初の防災行政無線の放送を聞いた後，教頭に対し「どうしますか。山に逃げますか。」と進言したが，教頭からの答えは「この揺れの中ではだめだ」とのことであり，さらに2度目の防災行政無線の放送が流れた後の15時25分頃にも，教務主任が教頭に対し再度「津波がきますよ。どうしますか。危険でも山に逃げますか。」と声をかけたが，教頭から回答はなかったと述べられている。

早く山にげっぺ

また，保護者に引き取られて無事だった児童の中には，教務主任（生存教員）は地震の揺れが収まった直後から，こんなに大きな地震があったのだから津波がないわけがないとして「早く山さ行け」「とりあえず，山だ山だ」と児童や他の教員らに向かって言っていたと，遺族に事実経緯を話してくれた児童もいる。この児童は，校庭に避難中，5年生の児童が「ここにいつまでもいたら俺たち死んでしまうから，早く山にげっぺ」「山さ行くべ！」と担任教員に強く訴えていたにもかかわらず，担任教員からは「勝手なことを言うな」「津波なんか来るわけがないから」と言って叱られて泣いていたと，犠牲になったこの5年生の児童の遺族に語っている。

さらに，子どもを引き取りにきた児童の保護者も，校庭で子どもの引き取りに応対した教員に対し，途中でカーラジオで聞いた津波情報（「あと6分後に津波がきます，地形によっては10mの津波が来る」）を告げただけでなく，裏山のコンクリートタタキを指しながら緊迫感をもって「山に逃げて」と訴えたが，その教員からは「お母さん落ち着いてください」と言われ，また，その保護者が引き取りに来た児童が泣いていて周囲の子供たちが動揺するので，早く引き取って帰るよう求められたと証言している。

この他にも，県道を挟んで学校の向かい側に住んでいた民生委員の女性が，自転車置場を挟む位置から校庭にいる児童や教職員に向かって「津波が来るから逃げらいんよ（津波が来るから逃げなさい）」と叫んでいたことや，地元の釜谷地区の50～60歳代の男性が大きな声で山を指さして「津波だから高い所に登れ」と言っているのが聞こえたと述べていた児童の保護者もある。

ここまで来るはずがない

他方で教頭は，釜谷地区の区長に対し意見を求めるように「山に上がらせてくれ」と聞いているが，同区長は「ここまで来るはずがないから，三角地帯に行こうと」反論していた[*21]。このやりとりについては，2人が言い争って議論していたように見えたと述べる児童もある。区長と教頭とのこの「議論」が，裏山ではなく北上川に近く本件津波に襲われる危険性がより高い「三角地帯」へ向けて，児童を移動させる決定がされたことに影響を与えたこ

とも考えられる。

(3)　「三角地帯」への移動と本件津波の襲来状況

三角地帯への移動　教務主任（生存教員）から，直接，事実関係の説明がなされていない現状では，実際に誰の判断や指示で児童らが校庭から「三角地帯」への移動を開始したのかを正確に特定することは困難であるが[*22]，前後の事情からすると，児童は，遅くとも15時35分頃には1年生の担任教員を先頭にして6年生から学年順に1列になって校庭から移動を開始したと考えられる。

　しかし，この時点で大川小の児童はすでに本件地震の発生から約50分間にわたり，同校の教員らの指示で大川小の校庭に留め置かれていたことになる。前述したように，児童の中には命の危険への不安を訴え，また，実際に裏山へ逃げることを教員らに強く訴えた児童もあったにもかかわらず，これら児童の訴えは取り上げられることはなかった。

　教頭は，区長と前述したような「議論」をした後，自ら北上川の様子を見に行き[*23]，本件津波が北上川を遡上して襲ってくる光景を目にして，急いで大川小と釜谷交流会館の間の道路を引き返した。教頭は「三角地帯」に向けて移動中の児童に列付近まで戻り，「津波がもう来ているので

[*21]　同区長の発言からすると，同人は教頭との「議論」の時点までは避難の必要性を感じていなかった可能性がある。しかし，その後，自ら状況把握をするためと思われるが，大川小前を通る県道に出たところで消防車に津波からの避難を促され，更には本件津波の襲来を現認して引き返してきた石巻市河北総合支所の広報車に乗っていた支所職員から避難を呼びかけられたことから，急ぎ校庭に戻りスクールバスの誘導を始めている。このことから，戻ってきた時点では同区長も本件津波が大川小に襲ってくることを確信したと思われる。したがって，この時点で，教頭とのやり取りで移動先と想定されていた「三角地帯」への移動が決定された可能性がある。

[*22]　生存教員（教務主任）は，同年3月25日の市教委の聞き取りに対しては「その場にいた地域住民と教頭が相談し，近辺では一番高い場所である橋のたもとの三角地点へ避難することにした」と説明していたが，その後，同年6月3日に自ら保護者宛てに作成したファックスの文書では，2度目に教頭に山に上るかどうか確認したが返事がないので，校舎の2階を確認に行き戻ったところすでに子供たちは移動を始めており，近くにいた人に行き先を聞いたところ「間垣の堤防の上」へ行くことになったということであり，どのような経緯でそこへ行くことになったかは分からないと述べるなど，説明が大きく変遷している。そのため生存教員の当時の説明では，「三角地帯」への移動を決定した者が誰であったのか，いかなる経緯でそのような決定がされたのかを特定するのは難しい。

早く移動してください」と叫んだ。

　移動する児童の列は，校庭から自転車置場脇の通路をとおり，釜谷交流会館の前の駐車場を抜けて，裏山（ダルマツ山）の山の端沿いに歩き，民家の脇を右折して，そのまま県道に上がり，県道を「三角地帯」へ向かう経路を進んだと考えられるが，列の先頭が県道に上がろうとした直前に，前方（富士川の堤防方向）からバリバリという大きな音と水煙を立てて本件津波が襲ってきた。

スクールバスの運転手も　先頭付近を歩いていた児童は津波を現認し，急遽反転して裏山方向へ走り出し，移動していた列に並ぶ児童もそれに続いたが，移動中の児童の列を津波が襲い，奇跡的に裏山に打ち上げられる等により助かった５年生の児童２名を除き，69名の児童が犠牲になった。

　大川小の児童は，本件津波の襲来前のほんの２，３分前に校庭から移動を開始したと考えられるが，注12において述べたとおり，大川小では児童の登下校ではスクールバスを利用する児童が多数あり，本件地震の発生した時刻は，ちょうど，下校時間帯に当たっていたので，スクールバスが帰宅する児童を乗せるために，学校に待機していた。スクールバスの運転手が待機中に無線で勤務先に連絡したところ，学校の指示を待つように指示されたため，学校の方針が決まりしだい，直ちに児童を乗せて出発できるようにするために，運転手は，当初，スクールバスを学校の正門前の県道に停車させていた。その後，前述したような地元区長の誘導によるものとも考えられるが，正門前から校庭脇の釜谷交流会館付近に移動させ，バ

＊23　本件地震の２日前（３月９日午前11時45分）に起きた本件地震の前震（マグニチュード7.3，最大震度５弱）の際には，校長は，教員１名を北上川の堤防まで行かせて北上川に変化がないかどうかを確認させている。しかし，本件地震の場合は教頭が北上川を確認に行ったのは，既に本件津波が目の前まで到達していた時点である。また，３月９日には，児童を第２次避難させた校庭から校舎内に戻した後，校長，教頭及び教務主任の３名で話しをしているが，その際校長は「大きな，要するに５メートルを超え，堤防を越えるような津波というふうな場合には，学校ももたないので，その竹林を上るほかないか，または三角地帯に逃げていくか，どちらか方法をとらなくちゃならないだろうなということは話していましたけれども，ただ，三角地帯に行くには時間が，時間的に道路を通って遠回りになるので，早いのは竹林かなというふうな話はしておりました」と大川小の第７回遺族説明会で述べている。

スの昇降ドアを開けたまま待機していた。

　しかし，本件地震が発生し，これまで述べてきたとおりの経緯で，50分近くもの間，大川小の教頭，教員らが児童の帰宅なり避難の方針を決定できずにいたことから，スクールバスは本件津波が襲来するまでに児童を乗せて避難させることができなかっただけでなく[*24]，前述のとおり，運転手も本件津波の犠牲になった。

(4)　本件津波被災後の状況

　本件津波の来襲後の大川小の現状は，想像を絶する惨状であり，この状況を目の当たりにした遺族の心情は計り知れない[*25]。

　捜索のための満足な道具もなく，遺体を傷つけないためにも多くは素手で泥と瓦礫をかき分け我が子を探し，やっと見つけてやれた我が子の亡骸は凄惨な状態のものも多数あった。見つかった遺体を洗ってやれる水もなく，ある母親は我が子の目や顔についた泥を自分の舌で舐めとって綺麗な姿にしてやることしかできなかった。日を経る毎に傷む遺体を冷やすドライアイスも，荼毘に付す火葬場もなく，やむなく土葬を決断せざるを得ない遺族もいた。私たちの想像を遥かに超える現実がそこにはあった。

「見つかったか？」　児童の保護者は，このような状況に直面し，それを受けとめることもできないまま，必死で我が子を探したのである。こうした努力にもかかわらず，依然として4名の児童が見つかっていない[*26]。

　児童を捜索するために現場に来た遺族は，決まって「見つかったか？」

---

*24　大川小前の県道を雄勝方面に1.4kmほど進めば海抜80mを越える地点に「釜谷トンネル」がある。原告ら遺族が計測したところによれば，同トンネルまでの車による所要時間は5分28秒であり，バスでの移動時間と移動距離を勘案すれば児童らが「三角地帯」へ移動し始めた時点でスクールバスが出発すれば，余裕をもって釜谷トンネル付近まで到達できていたと考えられる。
*25　本件津波で被災したことの悲惨さと我が子を見つけるために遺族が向き合わされた事実については，吉岡・齋藤「津波と学校防災──大川小学校の被災事件から1」月刊みすず第63巻6号（みすず書房，2021年）8頁以下参照。
*26　震災後も，長年にわたり重機等を使い我が子を探し続けている行方不明の児童の保護者もいる。

という挨拶を交わし，我が子の遺体が見つかった遺族に対しては「（遺体が）見つかってよかったな」という声を掛ける毎日であった。遺体が見つかったということは，もしかしたらどこかに避難していて，我が子は生きているかもしれないという一縷の望みを打ち砕くものであると同時に，まだ子どもを見つけてやれない保護者のことを考えると，せめて我が子の亡骸と対面できたことだけでも「よかった」と思わないわけにいかないという，心の矛盾と葛藤に苦しめられる耐え難い現実を意味している。

　他方，「（見つかって）よかったな」という言葉は，捜しても捜しても我が子を見つけてやれず，あの日からずっと子どもを捜し続けている遺族にとっては到底受けとめられない言葉である。その思いは子どもを見つけてやれた遺族とは全く異なるもので，我が子が見つかった遺族にも到底理解できるわけがないという叫びとなっている*27。

　時が経つにつれて遺族は，自らを責め始める。あの日，本件地震が発生後，どうしてすぐに我が子を学校に迎えに行かなかったのか，学校にいるから安心だと思ってしまった自分が浅はかだったのか，我が子と同年代の子どもをみると自然に目で追い涙が出たり，主役のいない誕生会を繰り返すうち，生きることをやめて子どものところに行こうと思うようにさえなる。我が子を亡くした遺族は，誰もがこうして自分を責めながら生きてきたのである。

2　なぜ訴訟に至ったのか

（1）　遺族の疑問と思い

　遺族は，被災後，こうした辛さと苦しみや強い自責の念を抱えながら，他方で大川小で我が子が犠牲になったのは，本件津波が未曾有の自然災害だったからではないのではないかと感じ始めた。

　被災当初，1ヶ月近く経過するも校長や市教委から満足な説明もされなかった。その後，保護者説明会が開かれたが，その説明内容が2転3転したり，虚偽と言える内容であったり，保護者説明会に参加した石巻市長

———————————

*27　前掲注25の吉岡・齋藤10頁。

は，遺族からなぜ大川小だけが70数名も犠牲になったのかと問われ，気持ちはわかると前置きしつつ「これが自然災害における宿命だということでしょうか」と答えるなど，遺族の心情を傷つけ，自然災害だから仕方ないという責任逃れの答弁がなされる等を目の当たりにした。

　これらの経緯もあり，保護者らは本当は我が子の命は十分救えたはずなのに，大川小の教員らが児童を救う行動をとらなかったことが原因で，我が子は津波の犠牲になったのではないかとの確信を深めて行った。

　また，保護者は本件地震が発生した後，大川小で何が起きたのか，我が子が亡くなるまでどのような事実があり，いかなる経緯で子どもが命を落とさざるを得なかったのか，その原因はどこにあるのかなど，起きたことの真実の全てを知りたい，市教委や学校にはこの点を明らかにする責任があるのではないかとの思いが強くなった。

学校・市教委の責任は　具体的には，①大川小の南側には児童が普段から良く知っていた裏山（ダルマツ山）があったのに，教員らは，なぜ，子どもたちを裏山に避難させなかったのか，②校庭脇の防災行政無線の拡声器から2度にわたり，宮城県沿岸に「大津波警報」が発令され，高台避難を呼び掛けかる放送がなされたにもかかわらず，なぜ，教員らは児童を校庭に50分近く止め置いたのか，③校庭待機中，子どもを引き取りにきた保護者が，教員に対しラジオ放送等から入手した津波の情報を伝え，直ちに裏山へ上って避難するよう進言したり*28，児童も「山さいくべ！」等と教員に訴えていたにもかかわらず，なぜ，その訴えを受け入れなかったのか，④教員の学級把握に問題はなかったのか，特に6年生児童に対する教員の対応に問題があり，そのことが児童からの訴えに対する教員らの合理的で適切な判断を阻害したのではないか，⑤教員同士に確執や意見対立があり，それが緊急時の意思疎通の障害となり，合理的で速やかな意思決定に支障を生じさせたのではないか，⑥教員らのこのような対応は，校長の学校運営に関する考え方や管理

---

*28　この保護者は，大川小から子供を引き取って帰宅した後も，大川小の校庭に待機していた児童は，皆，裏山（ダルマツ山）に避難して無事だと思っていたと本件訴訟で提出された陳述書で述べている。

方法，管理内容に問題があったからではないか，⑦そもそもこのような問題のある校長を大川小に赴任させた市教委の方針や決定に誤りはなかったのか，⑧津波来襲直前に避難のために移動を開始したのだとすれば，なぜ裏山ではなく北上川に近く，津波による被災の危険がより高い「三角地帯」へ向かったのか，⑨教務主任（生存教員）は，裏山から児童が津波に呑まれる光景を目撃していたはずだから，津波来襲時，我が子はどのような状況で命を落としたのか，事実を誠実に話して欲しい，⑩大川小で起きたような悲劇は2度と繰り返して欲しくない，他の保護者には決して同じ思いをして欲しくない，そのためにも学校や市教委の責任を明確にして欲しいということが，遺族の切なる願いであった。

(2) 本件事故に対する校長，市教委及び石巻市側の対応

大川小児童の遺族のこのような思いと願いにもかかわらず，本件事故に対する同校の校長，市教委および石巻市側の対応は次のようなものであった。

ア 校長の対応

校長は，3月11日夜（以下，日付は断りない限り「2011（平成23）年」とする）には大川小の手前約13kmにある石巻市河北総合センター（通称「ビッグバン」）まで来ていた。

金庫は無事か 児童の保護者の多くは，翌12日には大川小の被災現場に辿り着き，その後，毎日死に物狂いで我が子を捜索していた。校長は数日ビッグバンに滞在していたが，当時，ビッグバンは東日本大震災の被災者の避難所になっており，多くの地域住民はもとより，大川小の児童の保護者も多数避難していた。校長はビッグバンに滞在中，多数の大川小の児童の保護者と同所で顔を合わせている[29]。それにもかかわらず，校長は3月17日まで大川小を訪れておらず，同日になっ

---

[29] 検証報告書（128頁）には，校長がビッグバン滞在中に「避難所の掲示板で告知して保護者を集め，大川小学校の現状についての説明を3月25日に行ってはいたが，児童の安否に関する説明程度にとどまり，被災状況やその原因についての詳しい説明はなかった」との記載がある。しかし，校長が行ったとされている説明を実際に聞いた保護者がどれほどいたのかかなり疑わしいと思われる。

て校長は被災後初めて大川小を訪れた。自らが校長を務める学校が津波で被災し，非常に多くの児童が犠牲になっていたのであるから，本来，校長自ら率先して児童の捜索に加わるべきだと考えられるが，校長は現地に着いても児童の捜索に加わろうとせず，行方不明者の捜索にあたっていた自衛隊員に頼み込んで，校長室にあった金庫を開扉させ，内容物を持ち帰っただけであった。

　ビッグバンや大川小の被災現場において，このような態度や対応に終始していた校長には，危機感も重大な事故を起こした学校の最高責任者としての責任を感じている様子はみられなかったと児童の保護者の多くが批判する。

　さらに，校長は，3月29日に生存児童だけを対象に，登校式を開催した。この登校式は，亡くなった児童の遺族や行方不明の児童の保護者に対する告知もなく，遺族の知らぬ間に行われたものである。また，登校式においては大川小の被災状況の説明はなく，死亡した児童と行方不明の児童やその保護者の心情を損なう挨拶等を行った[30]。

　このような大川小の校長の無思慮で責任を取ろうともしない対応については，その後，保護者から強い批判がなされ，校長は本件事故の経緯と理由を明らかにする責任があり，保護者に対する真摯な説明をするべきであるとの意見が強くなった。

イ　市教委の対応（保護者説明会）

　一方，市教委は，本件事故が過去に例がないほどの重大な学校事故だと考えられたにもかかわらず，保護者に対する説明を行おうとする姿勢は見られなかった。しかし，大川小の児童の保護者から強く促されて，4月9日になりようやく大川小の児童の津波被災について第1回保護者説明会を開催した[31]。

---

[30]　登校式で校長は「子どもたちの顔に明るさがあったので安心しました」「たくさんの友達が亡くなったり，行方不明になったりしているけれど，生き残ったみんなで力を合わせてがんばっていこう」「笑顔がいっぱいの学校を作ろう」と語りかけたとの報道がされた（検証報告書128頁）。後から報道された新聞記事で，登校式における校長の述べた言葉を知った保護者は，強い違和感を覚えると同時に，子どもを亡くした家族は学校から突然置き去りにされたとの思いにさせられた。

第1回保護者会　第1回保護者説明会は，大川小の校長，唯一の生存教員である同校の教務主任および市教委の幹部（事務局長，学校教育課長，指導主事）が参加して開催された。この会合では，冒頭から罵声と怒号が飛び交う中，唯一の生存教員であった教務主任から，本件地震発生後の状況や本件津波が来襲した際の状況および同人が入釜谷交流センターに避難するまでの経緯などの説明がなされた。

　最後に保護者の意向をまとめるような形で，被災時のPTAの会長から児童の葬儀と行方不明の児童の捜索への支援を求める要望が出され，市教委側が検討すると回答して終了している。

　なお，市教委は，第1回保護者説明会の終了後（4月後半）から生存児童らへの聞き取り調査等を始めた。

第2回保護者会　その後，市長が出席して6月4日に開かれた第2回保護者説明会では，市教委側はその冒頭から「午後8時ごろを目処に終了させていただきたい。」と述べ，まだ質疑が続く中，午後8時45分には市教委の担当者が一斉に退席した上，マスコミに対し「遺族の理解が得られた」と発言し，保護者説明会を打ち切ってしまった。さらに，この説明会で石巻市長は前述のとおりの発言を行い，遺族からは遺族の心情を著しく害するものだとの強い批判を浴びた。

　保護者説明会は，こうしていったん打ち切られたが，その後，児童からの聞き取りメモを市教委が廃棄したことが発覚したこともあり，わずか2回の開催で市教委が打ち切ったことに対する遺族からの厳しい批判と，保護者説明会を再開すべきとの強い要望に押され，市教委も保護者説明会を再開することを決定した。こうして第3回保護者説明会が2012(平成24)年

＊31　検証報告書（128頁）では，3月30日から31日にかけて当時のPTA関係者から，不明児童の捜索活動の強化と説明会の開催を要望する声が教育委員会に寄せられ，教育委員会が説明会を開催することとなったが，その際の市教委の認識は，その時点で得ている情報をできる限り説明することと，保護者の要望を聞いてそれを叶えようというものであったとされている。

　検証報告書のこの説明からすると，保護者説明会は当初からかなり限定された問題点についてのみ対象とし，事実経緯や事実関係の徹底した究明についても，また，児童らが犠牲になった理由や原因については端から取り上げるつもりがなかったのではないかと考えざるをえない。

1 月 22 日に開かれることとなったが，その後，2014(平成 26)年 3 月 23 日まで合計して 10 回の保護者説明会が開催され，保護者（遺族）との間で質疑，意見交換がなされた。

廃棄された聞き取りメモ　市教委は，前述したように，2011(平成 23)年4 月後半から開始した児童からの聞き取り調査の過程で作成したメモを保護者説明会を打ち切った以降，廃棄してしまった。この事実は同年 8 月 21 日に新聞報道されたことで始めて保護者の知るところとなり[32]，このような市教委の姿勢や対応から，多くの保護者が市教委に対する不信感を強める結果となった。また，保護者説明会が再開されたものの，生存教員（教務主任）は PTSD を理由に，第 2 回以降の保護者説明会への出席を拒み続けたため，保護者らが生存教員に事実経過を直接確認する機会は設けられず，保護者側が望んでいた事実関係の解明は進まないまま，2014(平成 26)年 3 月 23 日の第 10 回保護者説明会をもって打ち切られた。そのため，保護者が市教委や校長など学校関係者に直接事実関係や見解を質す機会は失われた。

ウ　大川小学校事故検証委員会

このような経緯の中で，文部科学省（以下「文科省」という）が第三者委員会を設けて大川小の事故の検証をしてはどうかと，市教委と遺族との仲介に乗り出してきた。

我が国における学校安全に関する施策を担う文科省が乗り出してきたことで，大川小で犠牲になった児童の保護者（遺族）も真実の解明が進むのではないかと期待を持たされたこともあり，保護者も文科省の後ろ盾で石巻市が設置する「大川小学校事故検証委員会」（以下，「検証委員会」という）による検証を行うことを事実上，了解させられた。

検証委員会は，保護者説明会が再開されて間もなく 2013(平成 25)年 2 月7 日に第 1 回会合が開かれ，正式に活動を開始した[33]。

同委員会の委員長には，防災の専門家として室﨑益輝神戸大名誉教授が

＊32　河北新報 2011 年 8 月 21 日朝刊，同 2011（平成 23）年 9 月 8 日朝刊および同 2012（平成 24）年 2 月 23 日朝刊の一連の記事による報道を参照。

＊33　検証報告書 4 頁。

就き，他に教育学者（数見隆生東北福祉大教授）や地震・津波の研究者（首藤
伸夫東北大名誉教授），鉄道安全推進会議事務局長の佐藤健宗弁護士，心理
学の研究者（芳賀繁立教大学教授）そして過去の大規模事故（日航機墜落事故）
の遺族会の事務局長（美谷島邦子氏）が委員に就任し，この他にも地元の仙
台市にある大学の教授および弁護士が調査委員として加わり，検証が開始
された。しかし，蓋を開けてみると，検証委員会の委員の親族が経営する
会社が，石巻市から検証委員会の事務局業務を受託し，事実上，調査や検
証作業に深く関わるなど，その公正，中立性には大きな疑問があった。

大川小学校事故検証報告書　検証委員会は，合同会合およびチーム会
合を含め合計 26 回の会合を開き*34，2014
（平成26）年 2 月 16 日に「大川小学校事故検証報告書」（以下，本文において
も「検証報告書」という）をまとめたが，その内容は，①大川小が被災した
直接要因は，避難開始の意思決定が遅れたことにあり，②地震発生後の避
難先（移動先）を河川堤防付近としたことにあったと結論づけただけで，
保護者（遺族）が望んでいた「なぜ大川小だけが」の解明は全くなされて
いなかった。

　遺族が解明を求めていたのは，①の避難開始の決定が遅れた点について
は，なぜ決定が遅れたのかの理由を解明することであり，②の避難先の決
定については，決定した避難先が誤っていたかどうかではなく，誰がどの
ような経緯で，なぜそのような誤った決定をしたのかであり，検証委員会
が明らかにすべきはこれらの点であったはずである。保護者（遺族）は，
スタート当初から懸念があった委員の公正さへの危惧や，検証に向けた作
業が進む中で検証委員会の方向が次第に保護者（遺族）の思いとずれてい
くことを感じつつも，資料提供やヒアリングへの応需など，検証委員会の
調査に可能な限り協力をした。

　しかし，本件事故の事実経過については，検証委員会の検証がスタート
する前から，遺族が独自に聞き取り等を含めた調査によりまとめていた結
論と変わりないものであったし，本件事故がなぜ起きたのか，また，大川

---

*34　検証報告書 4 ～ 5 頁。

小だけでどうしてこれだけ多数の児童が学校管理下で命を落とさなければ
ならなかったのかの解明はされないまま，検証委員会は上記のような結論
をもって検証終了とした。

　検証委員会の調査，検証の結果は，保護者（遺族）らにとっては予め分
かり切っている事実経緯をその結論としたに過ぎず，遺族が知りたいと強
く望んだ答えは示されていないものであったので，遺族にとっては大きな
失望を与える以外の何ものでもなかった[*35]。

　検証報告書では，今後の課題として24の「提言」を行っているが，大
川小の悲劇が「なぜ起きたのか」の答えがない以上，遺族には到底納得の
いく結論ではなく，文科省が乗り出してきたことで，保護者（遺族）も期
待をさせられた分，余計に「裏切られた」という思いが強く残った。

3　訴訟提起の決断──訴訟の意義と目的

訴訟提起の決断　2014（平成26）年1月23日の第10回説明会をもって
保護者説明会が打ち切られ，同年2月16日には検
証委員会が報告書を取りまとめたことをもって検証終了とされ，さらに石
巻市はこれ以上の説明会や検証を続けるつもりはない旨を表明した。

　しかし，それまでの保護者説明会の質疑や検証委員会の検証結果では遺
族が知りたかったことが解明されず，市教委は保護者説明会を打ち切って
さらなる説明会の継続を否定し，検証委員会の報告がまとめられたことで
検証もなされたとして，石巻市としての真相の解明は行わない態度を明ら
かにしたため，遺族は我が子の死の経緯と理由の真相とその責任の所在
を，訴訟の場において明らかにする以外に方途がない状況に追い込まれた。

　また，損害賠償請求権の時効期限が同年3月11日に迫ってきたこと
や，子供が戻ってこないなら，せめて我が子が生きていた証しとして，子
供の死が学校防災の礎となるような法的判断をして欲しいという気持ちが
遺族の中にも強くなり，最終的には大川小で犠牲になった児童の遺族29
名（19家族）が原告として本件訴訟に踏み切る決断をし，仙台地裁に本件

---

*35　大川小の検証委員会の問題点等については，池上正樹＝加藤順子『石巻市立大川小「事
　故検証委員会」を検証する』（ポプラ社，2014年）を参照。

訴訟を提起したものである。

Ⅲ　大川小国賠訴訟の内容

1　事案の概要

事案の概要と原告の請求　本件訴訟は，本件津波に呑み込まれ死亡（21名）したり，行方不明（2名）となった児童の遺族が原告となり，石巻市と宮城県に対し，津波による大川小の児童の生命身体に危害が発生し得ることを予見し又は予見し得たにもかかわらず，危機管理マニュアルの改訂，整備等をせず，また，本件地震発生後に裏山等安全な場所に児童を避難させるべき義務があったにもかかわらず，児童らを安全な高台（裏山など）に避難させずに被災させたとして，国賠法1条1項にもとづき石巻市に対し，同法3条1項にもとづき教員らの給与負担者である宮城県に対する損害賠償請求をしたものである。

なお，訴状（提訴段階）では，国賠法にもとづく責任に加え，在学契約に基づく安全配慮義務違反を理由とする債務不履行にもとづく損害賠償の請求を立てたが，その後，1審の途中で不法行為（民法709条・715条）にもとづく損害賠償請求も追加した。

原告ら遺族の請求に対し，被告の石巻市および宮城県は，本件事故は未曾有の天災で不可抗力であったし，大川小は北上川の河口から約4km内陸にあり，かつて津波到来の歴史はなく，大川小は避難場所に指定され近隣住民も避難していたから，教員らは本件津波到来の予見は困難だったなどと反論して争った。

2　1審の争点

（1）「現場過失」が最大の争点

現場過失の有無　1審では，本件地震により発生した本件津波が，大川小に襲来することの予見可能性と結果回避可能性（いわゆる「現場過失」）の有無が最大の争点となった。

　原告らは訴状において，危機管理マニュアルの改訂等の義務違反（事前の対応・整備義務違反の過失）も主張し*36，当初はこの点の主張，立証にも取り組んだ。しかし，1 審の仙台地裁はこれらの点はほとんど重視せず，本件地震の発生後，河北総合支所の広報車が大川小前を通過した 15 時 30 分頃には，現場にいた教員らは大川小に本件津波が襲来することについての予見可能性があったことを認定し，さらにその時点でもなお大川小学校の裏山に児童を避難させることができたとして，大川小の教員らのいわゆる「現場過失」のみをもって，石巻市の国賠法 1 条 1 項の責任および同法 3 条 1 項にもとづく教員らの給与負担者としての宮城県の責任を認めた。

（2）　予見可能性

被告の予見可能性　　原告ら遺族は，まず，津波が大川小に来襲する危険の予見可能性について，次の事実を指摘して，遅くとも防災行政無線の 2 度目の放送が流された 15 時 10 分には，現場にいた大川小の教員らは本件津波の来襲（らいしゅう）を予見できたと主張した。

　①　大川小には「地震（津波）発生時の危機管理マニュアル」が存在し，教員は津波の情報を収集し，津波発生の有無を確認して避難するよう明記されていた。

　②　本件津波発生の前年，石巻市は「教頭・中堅教員研修会」を開催し，大川小の教員 3 名（生存教員含む）が同市危機管理監から「強い揺れ（震度 4）／揺れの長い地震を感じたら高台へ」「プロアクティブの原則」*37など地震および津波に対する安全確保の諸施策の研修を受講していた。

　③　本件地震の 2 日前（3 月 9 日）に発生した震度 5 弱の地震の際，校長

---

*36　原告ら遺族側は，堤防の脆弱性と河川遡上津波の危険などを前提にした事前の予見可能性についても主張したが，1 審裁判所はこの点は実質的な争点にしなかった。しかし，控訴審においては，この点が大きな意味をもち，控訴審判決はこの点について正面から認定・判断をし，被告側の責任根拠としている。

*37　大川小の教員らが石巻市の危機管理鑑から講義を受けた「プロアクティブの原則」は，①疑わしいときは行動せよ，②最悪の事態を想定して行動（決心）せよ，③空振りは許されるが見逃しは許されないとする原則である。この原則からみると，大川小では許される空振りさえすることなく，許されない見逃しをしてしまったと言うべきであるが，本件訴訟（特に控訴審）ではこの点が正面から判断されたといえる。

は「5m の津波が来たら学校は持たない」「その時は裏山に避難する」などと教頭，教務主任（生存教員）と話し合っていた。

④　14 時 52 分に防災行政無線がサイレン音を流して「大津波警報」の発令を放送し（15 時 10 分頃にも同様の放送あり），この放送は大川小の校庭脇の拡声器から流され，教員と児童らに伝わっていた。

⑤　教頭ら教員は，校庭でラジオをつけて地震と津波についての放送を聞いていた。

⑥　15 時前後に児童を迎えに来た保護者は，応対した教員に「カーラジオで大津波が来ると言っている」「早く山へ逃げて」と裏山を指差して強く高台への避難を促していた。

⑦　校舎内にいた教務主任（生存教員）も，地震の揺れが収まった直後「山だ！」と叫んでおり，また，この教務主任は「津波が来ると分かって」教頭に「山に逃げますか」と判断を促していたし，教頭も釜谷地区の区長に「裏山に登らせても大丈夫か」などと確認していた。

⑧　15 時 20 分頃には，河北消防署の消防車が大津波警報発令と高台避難を呼びかけながら大川小前を通過し，15 時 28 分頃には石巻市の河北総合支所の広報車が本件津波が北上川河口の追波湾(おっぱわん)の松林を越えてきたのを現認し（現認した地点は本書 24 頁の写真を参照），その事実を交えて高台避難を呼びかけながら大川小前を通過した。

（3）　結果回避の可能性（容易性）

結果回避可能性　次に原告ら遺族は，次の事実が認められることを指摘して，本件津波が実際に大川小に来襲する前に児童らを高台避難させることが十分に可能であり，それによって児童の命が失われることはなかった（回避が可能）と主張した。

①　大川小の裏山には，児童が過去に椎茸栽培をしていた場所があり，その地点まで至る斜面を上る幅 50 cm 程度の踏み分け道があり，ここを上って津波が到達しない地点（高所）まで容易に避難できた（本書 54 頁「見取図」の A ルート）。

②　A ルートなら裏山の椎茸栽培地（津波到達地点）付近までは，児童で

も走れば1分，徒歩でも2分で到達可能であり，津波到達までの間に安全な地点まで優に避難できた。

③　避難場所としては，椎茸栽培地以外にも崩落防止用の護壁のコンクリートタタキに上ることも可能だった。コンクリートタタキには，釜谷交流会館前の消防用のポンプ小屋の脇を上り，竹藪の中を竹を摑（つか）みながら上る本書54頁「見取図」のBルート（このルートは社会科学習で3年生児童も上った経験があり*38，大川小の校長は校長室から児童がコンクリートタタキに上っているの様子を写真撮影している）や，学校の裏からコンクリートタタキの擁壁を回り込むように斜面を上がること（同「見取図」のCルート）もそれほど難しくはなかった。

④　地震発生時には45人乗りのスクールバスが，学校の正門付近や釜谷交流会館脇などでいつでも児童が乗り込んで発車できるように待機しており，このバスに児童を乗せて，学校の裏山以外の高台なり遠方の安全な地点（釜谷トンネル付近や控訴審判決が避難場所として合理的と判断した「バットの森」など）に児童を避難させることができた。

（4）　損　害

損害は何か

損害について原告ら遺族は，本件では次のとおりの損害が認められるべきことを主張した。

①　制裁的要素を反映した満足的感情の実現としての損害賠償請求

かけがえのない子どもを失った原告ら遺族の喪失感や苦悩と悲しみを，単純に金銭に置き換え，交通事故などの場合に用いられる賠償基準に従い損害額とするのは余りに酷であり，原告ら遺族は「制裁的要素を反映した満足的感情の実現」として，児童1人につき，少なくとも金1億円の損害を受けたと評価すべきであるとして，その賠償を請求した。

逸失利益，葬儀費，死亡慰謝料そして遺族の固有慰藉料などの損害項目毎に損害を主張立証して賠償を求めるのではなく，いわゆる包括的損害賠償を主位的な請求に据えた。

---

*38　社会科の学習でこの竹藪を上った3年生は，大川小の3年の学年・学級通信に「竹やぶをのぼるのがたのしかったです」と書き記している。

　原告ら遺族は，我が子の命をいわば「金に換えて」裁判で請求すること
に，大きな躊躇（むしろ抵抗感といってもよい）を感じており，私たち（吉岡・
齋藤）も原告らのこうした心情を汲み取って，本件訴訟を遺族の心情に適
合するものと位置付けるためには，どのような損害論を展開すべきなのか
とても悩んだ。

　しかしながら，我が国の損害賠償請求制度は，結局のところ，名誉毀損
などを除き金銭賠償しか認められておらず，訴訟を提起する以上は金銭に
評価しなければならない現実との葛藤の結果，このような意味づけを慰藉
料に与えることによって，少しでも原告ら遺族の心情に沿ったものとしよ
うと考えた。

　なお，このような損害の請求も裁判所が採用しなければ原告ら遺族の請
求は否定されてしまうので，最終的には予備的に個別損害についての主張
および立証も並行して行った。

　②　行方不明児童の保護者の損害

保護者の損害　　既に述べたとおり，我が子が見つかった保護者（遺族）
と依然として行方不明の児童の保護者との間には，子
どもの喪失を心が受容できる可能性について大きな相違があり，その相違
は遺族の慰謝料の評価についても反映されるべきと考えられた。そこで，
行方不明の児童の保護者については，児童が見つかった遺族よりも固有の
慰藉料は増額をすべきとの主張をした。

　③　不妊治療費の損害請求

我が子に代わる命を蘇らせたい　　本件事故では，判明する限りでも400
年近く続く家系に生まれた児童も犠
牲になっており，また，大川小で子どもを失ったことで，代々続く血統が
途絶えてしまう遺族もあった。これらの遺族の場合，家系の継承者を亡く
し血筋を途絶えさせてしまったことについて，親族などから無言の圧力を
感じざるを得ない原告もあった。

　そうではない遺族の場合も，我が子を失った喪失感や悲しみから少しで
も前を向くために，そして，亡くなった子どもは戻ってこないとしても新
たな命を授かることで亡くなった子どもが再びこの世に帰ってくるのでは

ないかと思い，親として年齢的に可能であれば不妊治療をしてでも，子ども
を授かりたいと考えた原告ら遺族も少なからずあった。こうした原告ら
は，遠方の医療機関まで通い，高額な治療費を負担し，辛い不妊治療に耐
え，新たな命の誕生に望みを託した。その結果，幸いにして新しい命を授
かった原告ら遺族もあったが，このような辛い努力をしても，失った我が
子に代わる命を授かることはできなかった原告もある。

　このような原告ら遺族の苦しみや努力，金銭賠償しか認められていない
現在の損害賠償制度の限界を少しでも広げることを考え，原告らが新たに
子どもを持つために必要な費用は，被告らの違法行為と相当因果関係があ
る損害と判断されるべきであって，これが損害と認定されないことは正義，
公正にも反するのではないかと考え，不妊治療費の損害賠償も請求した。

④　行方不明児童の捜索のための休業損害

捜索のための休業損害　行方不明の児童の親が，我が子を捜索するた
めに仕事を休業したことによる得べかりし収
入相当の損害を請求した。

⑤　調査費用等

子の代理人弁護士としての遺族　後述するが，原告ら遺族は事実上の
「我が子の代理人弁護士」として，本
件訴訟の提起やその追行に必要不可欠な調査や証拠資料の収集等を行い，
本件訴訟における主張，立証に大きく関わった。原告ら遺族のこのような
努力によって本件訴訟の結論がもたらされることとなる。ならば，原告ら
遺族がこれらの活動をすることにより必要とした支出等も本件事故と相当
因果関係のある損害と評価すべきであると考え，その賠償請求も行った[*39]。

[*39]　被害者側が支出した事故原因等に関する調査費用を損害と認めたものとしては，携帯電
話をズボン前面左側ポケットに入れてコタツに入るなどして使用したことで左大腿部に低温
火傷を負った被害者が，電話機の製造メーカーを相手に製造物責任法にもとづく損害賠償を
請求した事件について，製造メーカーが事故原因の調査等を申し入れが，携帯電話会社及び
製造メーカーからは「熱傷が惹起されうる可能性は，皆無であることが判明した旨」や「携
帯電話が本件熱傷の原因とは考えられない旨の結論のみを簡単に要約した」回答しかされな
かったため，被害者側が「自ら独自に専門家に依頼して調査をすることを余儀なくされたこ
とが認められ，その調査費用として150万円の損害を認めた例（仙台高判平成22年4月22
日判例時報2086号42頁）がある。

3　1審の審理経過と本件訴訟の特徴

（1）　審理経過

第1審の審理経過　　1審の仙台地裁は，口頭弁論期日を7回，進行協議期日を10回，裁判官の現場見分（現場での進行協議期日）を1回実施し，その後，2回の証人尋問期日において，校長，大川小の元教頭，津波を現認して北上川の河口手前の谷地中付近から引き返し，大川小前を広報車で高台避難を呼び掛けながら通過した石巻市河北総合支所の職員，津波が襲来する前に児童を迎えに来た保護者1名の証人尋問および原告らを代表して原告団長の原告本人尋問が行われた。

　また，原告ら遺族からは（犠牲になった児童とその成育経過などの写真も織り込んだ）全員の詳細な陳述書を作成し，証拠として提出した。

（2）　原告ら遺族の努力

保護者説明会という法廷　　本件訴訟の主張，立証において特筆すべきは，原告ら遺族が亡き我が子の「代理人弁護士」になって真実究明の活動をし，その成果を主張に反映させ，さらに証拠化して裁判所に書証として提出したことである。

　具体的には，原告ら遺族は市教委との10回にわたる保護者説明会において，まさに我が子の「代理人弁護士」としての役割を見事にやり遂げた。保護者説明会でのやり取りは，原告ら遺族によって録画され，市教委も録音反訳にもとづくやり取りを詳細に記録した議事録を作成したが，この議事録は原告側から書証として提出した。

　議事録を読むと，ここでのやり取りは「保護者説明会」という名の事実上「法廷」での証人尋問だったと言っても過言ではない。訴訟では，裁判所は訴訟進行を図るため，証人や当事者本人など尋問対象者の数を可能な限り絞り，また，訴訟の争点に特化した尋問しか認めないことが殆どであり，代理人弁護士は限られた員数の人証で，かつきわめて限られた時間内に立証に必要な尋問を行わざるを得ない。

　しかし，原告ら遺族が参加した「保護者説明会」は，第1回目こそ

「やっと生まれた一人息子なんだぞ。子どもを返せ」「この靴しか残って
ねぇんだぞ」「人殺し」などの怒号が飛び交う荒れたものであったが，後
に本件訴訟の代理人となる吉岡からの助言に従い，感情を抑え，極力相手
方からの発言を引き出すように質問を行って，上記の議事録に残して行っ
た。実際の質疑応答の場面でも，質問者を2〜3名に絞り，他の原告ら遺
族は聴き役と記録係に徹するようにし，その準備のために遺族の家に集
まって深夜遅くまで次回の質問事項を練り，これにもとづいて保護者説明
会では4時間近くに及ぶ質疑を重ねるなどの努力を重ねた。その結果が議
事録として残り，1審の審理においても後の控訴審においても，それ自体
が重要な証拠となったものであるし，さらに1審および控訴審における証
人尋問においてもきわめて有益な証拠資料となった。

証拠を求めて　また，本件事件は学校内の記録やその他の書類はほと
んど津波で流されてしまっていた。また，当時，大川
小や近くの「釜谷交流会館」などに避難してきた近隣住民の多くが犠牲に
なり，これらの方々から当時の様子を確認することもできなかった。生存
していてもその後転居などにより，当時の事情を知る証人がどこにいるの
かも分からず，さらに引き取られて本件津波の犠牲にならなかった児童や
その保護者から事情を聞きたくても，私たち（吉岡・齋藤）には連絡すらと
る術がなかった。しかし，原告ら遺族は，様々な目撃情報や当時大川小に
来たり，近くにいて本件津波の襲来前後の状況を知る方を探し当て，これ
らの人々から事情を聞き取り，弁護士にも話しをしもよいと承諾してくれ
る目撃者を多数捜し出してきた。

　こうして私たちはこれらの目撃者などから当時の状況を聞き取り，陳述
書にまとめこれを本件訴訟の書証として提出して行った。

　さらに，原告ら遺族は石巻市などが保有する資料や行政文書について
も，同市の図書館に趣いて証拠になりそうな資料を見つけ出したり，情報
公開条例にもとづき石巻市の保有する関係文書の開示なども求め，これら
も証拠化して本件訴訟で提出した。また，大川小の周囲の客観的状況を写
真で撮影し，距離などを計測したり，児童の裏山への移動に要する時間や
より安全な雄勝トンネル（釜谷トンネル）付近までの移動距離と移動時間を

計測して証拠化して提出するなどもした。

　本件訴訟の手続においても，現場で行われた1審および控訴審の進行協議期日では審理を担当する裁判官が大川小の校庭や裏山，「バットの森」に赴き，裁判官が現地の状況を見分したが，この手続においても原告ら遺族は，津波で流された「釜谷交流会館」の位置や大川小脇の道路との境界，児童らが移動を開始した際に通過した自転車置場の位置や釜谷交流会館から先の通路の状況などについて，現場の計測を行ってテープを張ってこれらを再現し，児童が本件津波に巻き込まれて被災する直前の模様を再現する等の対応を行った。

　なお，原告ら遺族は，口頭弁論期日には，毎回，弁論手続の冒頭で原告ら遺族が交替で意見陳述を行い，我が子を学校管理下で失った遺族の悲しみや辛さなどその心情や本件訴訟に至った理由などを述べた[40]。

（3）　原告ら遺族の努力が実を結んだ判決

　本件訴訟は，こうして原告ら遺族が子どもらの事実上の「代理人弁護士」の役割を担って真実究明に尽力した成果，原告ら遺族側勝訴の1審判決が言い渡され，後述するとおり，控訴審でも石巻市と宮城県の国賠責任が肯定されたものである。

Ⅳ　1審判決の判断内容

1　1審の認定した国賠責任

（1）　1審判決の結論の概要

第1審判決の概要　　1審判決（仙台地判平成28年10月26日判例時報2387号81頁）は，広報車で学校前を通過しながら避難

---

[40]　仙台地裁で開かれた第1回口頭弁論期日における原告らの意見陳述を聞きながら，涙を流している裁判官もいたことは印象的であった。原告ら遺族の口頭弁論期日の冒頭における意見陳述は，その後，控訴審になっても続き，控訴審の口頭弁論期日の冒頭でも毎回行われた。

を呼びかけた市職員の証言等を踏まえ，「学校の教員らは，津波到来の7分前の15時30分頃までに，広報車の避難の呼びかけを聞いた時点で学校に津波が来ることを予見し得た」し，この時点においても「児童を校庭から裏山に避難させるに足りる時間的余裕がなおあった」と認定し，生存教員を除く教員らには児童を「三角地帯」ではなく裏山に避難させるべき結果回避義務があり，これを怠ったと判断し，大川小の教員らの過失を認定し，石巻市および宮城県の国賠責任を認めて原告らの損害賠償請求の一部（児童1人当たり6000万円から6500万円の損害賠償金の支払い）を認容した。

　この判決は，本件津波の襲来時に大川小で児童の避難誘導等に当たっていた同小学校の教員らのいわゆる「現場過失」を認めたものである。

　他方で原告らが主張した本件地震の発生前における危機管理マニュアルの改訂・整備等の義務違反については，「平成21年4月の改正学校保健安全法施行後にあっても，大川小学校の実情として，同法29条に基づき作成すべき危険等発生時対処要領に，津波発生時の具体的な避難場所や避難方法，避難手順等を明記しなければならなかったとまでいうことはできず，したがって，同法を根拠に，教員が，そのような内容に危機管理マニュアルを改訂すべき注意義務があったともいえない。そして，このほか原告らが主張するようなマニュアル改訂をすべき注意義務を教員に課すべき理由は認められないから，同注意義務違反をいう原告らの主張は，前提を欠いたものとして，採用できない。」としてこれを認めなかった。

(2)　予見可能性

現場過失と予見可能性　　ア　1審判決が認めた「現場過失」の判断においては，地震の揺れが収まった後，児童を校庭に避難させ，100名余りの児童を下校させないまま校庭に留め置き，継続的に管理下に置いた教員らの対応について，「在校中児童の校庭への避難誘導を行った上，体感された本件地震の規模の大きさ，午後2時52分頃に防災行政無線から流れた宮城県沿岸への大津波警報発令の情報やラジオから得られた地震津波関係の情報，余震が繰り返し発生している状況等を踏まえ，本件地震の揺れが収まった後も，下校途中や帰宅後の児童の

安全が十分に確保されていないものと判断し，保護者等の迎えにより安全が確保されている児童を個別に下校させる以外，大津波警報が解除されたり余震が収束するなどして安全が確認されるまでの間，スクールバスを利用するものも含めて児童の下校を見合わせるという，児童の安全確保のために必要な措置を執ったものと認められ，それ自体は，危機管理マニュアルにも則った適切なものであったということができる」とし，さらに「石巻市の防災ガイド・ハザードマップ上，大川小学校が津波時の避難場所として指定されていたこと，保護者等の迎えがあった児童は個別に下校させる必要があったこと，校庭では防災行政無線の放送を聞くことができたこと，といった事情からすると，教員において，当面は大川小学校を離れずに校庭に留まり，ラジオや防災行政無線を通じて本件地震や津波に関する情報収集を行い，余震の推移を見極めるなどしようとしたとしても，これを不相当と評価すべきではない」と判示した。

　しかし，1審判決は「とはいえ，教員が下校前の児童に対し危険防止と安全確保の責務を負っている以上，収集された情報や四囲の状況をもとに，校庭で避難を継続することに具体的危険があると合理的に判断できる場合には，教員としてもその危険を予見しなければならず，これを怠ったことにより危険を避け得なかったときには，予見義務違反の過失があることになるし，危険を予見したにもかかわらず回避を怠ったり，あるいは予見された危険の種類内容との関係で不適切・不十分な回避行動しかとらなかったため危険を回避できなかった場合にも，結果回避義務違反の過失がある」と判示した上，本件事件において「収集された情報や四囲の状況をもとに，校庭で避難を継続することに具体的危険があると合理的に判断できる場合」に該当し，過失が認められるか否かの検討をしている。

　イ　そして，15時10分時点では「教育委員会から平成16年報告の被害想定に基づいた石巻市地域防災計画が周知され，同じく平成16年報告の津波浸水予測図と同内容の予想浸水区域を示した防災ガイド・ハザードマップも大川小学校に配布されていたことからすると，地域住民や保護者から津波を理由に高所への避難を促されていたとしても，少なくとも，午後3時10分頃までに得られた情報に基づく限り，これに依拠して大川小

学校に津波が襲来することを予見すべきであったとまでいうことはできない」とし，さらに「過去に同小学校付近に津波が到来した事実を示す知見はなかったこと，大川小学校は北上川の河口から約 4 kmの地点にあり，同小学校が海岸付近に位置していたわけではないことなどからすると，宮城県全体を対象とした上記大津波警報等の情報を聞き及んだにすぎない時点において，現実に津波が大川小学校に到来し，児童の生命身体に具体的な危険が及ぶ事態についてまで，教員に予見可能であったということは困難というべきである」と判示し，この点は注 37 で紹介したとおりの「プロアクティブの原則」の講義を教員らが聴いていたとしても結論は変わらないとした。つまり，原告ら遺族が主張した 15 時 10 分頃までの時点では，予見可能性は認められないと判断した。

　ウ　しかし，1 審判決は，遅くとも午後 3 時 30 分頃までには，大川小の前を河北総合支所の広報車が避難の呼び掛けを広報しながら通り過ぎ，その広報を聞いた教務主任が教頭に対して，「津波が来ますよ。どうしますか。危なくても山に逃げますか。」などと問い掛けをしたことを踏まえ，この時点では「ラジオによる宮城県全般に関する情報などではなく，大川小学校に面した県道を走行中の広報車からの，津波が長面地区沿岸の松林を抜けてきており，大川小学校の所在地付近に現実の危険が及んでいることを伝えるものであり」，そうすると，この時点では「大川小学校の教員は，『宮城県内』」という幅をもたせたものではなく，大川小学校の所在地を含む地域に対し，現に津波が迫っていることを知ったということができ」，また，「長面地区から大川小学校が所在する釜谷地区にかけては平坦で，特に北上川沿いには津波の進行を妨げるような高台等の障害物もない地形であり，大川小学校の標高も 1 ないし 1.5m 前後しかないことからすると，教員としても，遅くとも上記広報を聞いた時点では，程なくして近時の地震で経験したものとは全く異なる大規模な津波が大川小学校に襲来し，そのまま校庭に留まっていた場合には，児童の生命身体に具体的な危険が生じることを現に予見したものと認められる」とした。

（3）　結果回避可能性と回避義務違反

結果回避義務違反の有無 ア　1審判決は，教員らの予見可能性について の以上の判示を踏まえ，まず結果回避
義務について「その時点では，教員は，速やかに，かつ，可能な限り津波
による被災を避けるべく，児童を高所に避難させるべき義務を負っていた
ものと認められる」とし，当時の事情を前提にした結果回避の可能性につ
いて，まず避難場所としての裏山の適否につき，津波から確実に逃れるた
めの高さの一応の目安として，標高10mの地点がこれに相当するとの事
実認定を行いながらも，この高さに到達できたか否かで直ちに結果回避可
能性を切り分けることはせず，「他の事情も併せ考慮しながら総合的な判
断を行う」とし，「本件地震当時は，平地に積雪はなく，みぞれや雪も積
もらない程度に断続的に降るだけの天候だったのであり，裏山に積雪が
あったとは証拠上認められないし，裏山の地面も，冬季である本件地震当
時，斜面を登るのに支障が生じるような下生えが生い茂っていたとまでは
認め難い」と認定して，裏山が避難場所として適切であったと判断した。

イ　さらに，石巻市と宮城県は，狭い竹木の間の急斜面を登ることは困
難であったと主張していることに対し，1審判決は，次頁の「見取図」記
載の「Aルートの斜面では，過去に，3年生等の児童が，毎年3月に椎茸
の原木をここまで運ぶ作業を行っていた以上，同じ3月に児童がここを登
るのが困難であったとはいえない」，また，同じく「Bルートに関して
も，登り口付近は約26度と傾斜が急で，続く斜面も傾斜が20度前後と決
して緩やかではないものの…校長のみならず3年生児童もここを経由して
造成斜面に登っていた以上，避難のために登るのが困難であったとまでい
うことはできない」と判示し*41，さらに「余震が続く中，70名余りの児
童を率い，隊列を組んで斜面を登っていくことは必ずしも容易でないこと
は確かであり，児童を預かる教員としては，けがなどがないように配慮せ

---

*41　判決理由中で述べられている各避難ルートは「見取図」のとおりであり，「Aルート」
は校庭から体育館脇をとおり椎茸栽培地に至る道順，「Bルート」は校庭から釜谷交流会館
前の消防ポンプ小屋の脇を抜けてその裏にあった地蔵尊の先に上る道順，「Cルート」とは
校庭から大川小の裏のコンクリートタタキを敷設した斜面の最下部の道路と接する箇所にあ
る土留擁壁の後ろを回り込んで，斜面をコンクリートタタキまで上るルートである。

【見取図】

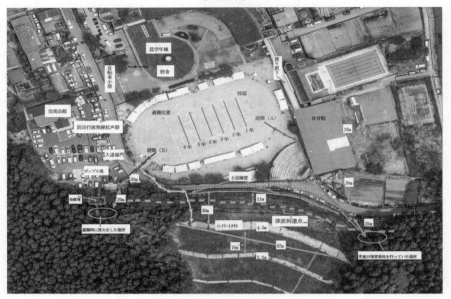

　ざるを得ない面が否定できないとしても，それは，平常時における話で
あって，現実に津波の到来が迫っており，逃げ切れるか否かで生死を分け
る状況下にあっては，列を乱して各自それぞれに山を駆け上ることを含
め，高所への避難を最優先すべき」として，生死を分ける状況下では児童
にけがなどのリスクがあっても高所避難を最優先すべきと判断した。
　ウ　そして「原告らが行った実験によれば，校庭の中央付近から裏山の
標高 10m 付近（原告らが津波到達地点と主張する地点）に至るのに要した時間
は，体育館脇を通る A ルートでは，徒歩で 2 分 01 秒，小走りで 59 秒で
あり，B ルートは，自転車小屋脇の通用口を通るコースでは，徒歩で 1 分
45 秒，小走りで 1 分 08 秒，入退場門を通るコースでは，徒歩で 1 分 18
秒，小走りで 55 秒，通用口を通る C ルートでは，徒歩で 1 分 49 秒，小
走りで 1 分 08 秒であったものと認められる」ので，「現実の避難にはより
時間を要することも考えられる」ものの，「広報車の呼び掛けを教員が聞
いた時点においても，児童を校庭から裏山に避難させるに足りる時間的余

裕はなおあったものと認めることができる」として結果回避の可能性を認め，現場にいた「教員が，児童を校庭から避難させるにあたり，裏山ではなく，三角地帯を目指して移動を行った行為には，結果を回避すべき注意義務を怠った過失が認められる」と判示し，「現場過失」を認定し，石巻市と宮城県の国賠法にもとづく損害賠償責任を肯定した。

2　事後的不法行為

事後的な各種義務違反の有無　(1)　原告らは，①生存教員（教務主任）と校長の捜索義務違反および救命救助義務違反，②市教委による調査，資料収集，資料保存，真実解明，報告の各義務違反，③石巻市長や市教委，校長らによる原告らの心情に対する配慮義務違反にもとづく国賠責任も主張した。

(2)　しかしながら，1審判決はこれらの点について，捜索・救命救急義務違反については「襲来した津波の規模等に照らすと，被災した児童らに関しては，津波から裏山に逃れた○○教諭（生存教員を指す〔筆者注〕）がその後にいかなる救助活動を行おうとも，救命救助の可能性はきわめて乏しかったと認められ」るとし，また，当時の状況下において同教員が「原告らが主張するような救助活動を行うべき注意義務を負っていたとは認められない」として捜索・救命救急義務を否定した。

(3)　また，市教委による調査や資料の収集・保存，真実解明および報告等の義務違反についても，「教育委員会が行う聞き取り調査や，説明会等の内容に関して，原告らをはじめとする被災児童の遺族らが強い関心を寄せることは当然のことであるとはいえ，聞き取り調査における記録方法いかんや，清書後の手書きメモの処理処分に関して，被告石巻市又はその公務員が，原告らに対して何らかの注意義務を負っていたとまではいえない」「本件証拠上，説明会等における説明の内容や態様に関しても，被告石巻市又はその職員が，個々の原告らとの関係で法的な義務を負っていたとはいえない」として市教委についてのこれら義務を否定している。

(4)　さらに市長や市教委，校長らの遺族の心情への配慮義務についても「石巻市長の発言に関しては，児童の遺族から詰め寄られた場面でのとっ

さの受け答えであるとはいえ，児童を失った親族等が出席している場での発言に求められる慎重な配慮を欠いた面が否定できないものの，当該発言も，原告らの権利又は法的に保護される法的利益を侵害したと評価するに足りる程度に至っているとはいえず」「市長に，原告らに対する注意義務違反は認められないし」，石巻市等が「死亡児童の火葬を可能とするような施設を確保し，あるいは原告らへの弔問をしなければならないとする注意義務を負っていたと認めることもできない」として配慮義務自体を認めなかった。

3　1審判決の損害の認定

精神的損害　　(1)　1審判決は原告らが主張した「制裁的要素を反映した満足感情の実現」としての損害賠償については，「不法行為に基づく損害賠償制度は，被害者に生じた現実の損害を金銭的に評価し，加害者にこれを賠償させることにより，被害者が被った不利益を補てんして，不法行為がなかったときの状態に回復させることを目的とするものであり，加害者に対する制裁や，将来における同様の行為の抑止を目的とするものではなく，加害者に対して損害賠償義務を課することによって，結果的に加害者に対する制裁等の効果を生ずることがあるとしても，それは被害者が被った不利益を回復するために加害者に対し損害賠償義務を負わせたことの反射的，副次的な効果にすぎないと解するのが相当であって（最高裁判所大法廷平成5年3月24日判決・民集47巻4号3039頁，同裁判所第二小法廷平成9年7月11日判決・民集51巻6号2573頁参照），このことは国家賠償法に基づく損害賠償請求においても同様である」としてこれを認めなかった。

個別損害の賠償　　(2)　そして，1審判決は原告らが予備的に請求した個別損害について，交通事故等の事故事案における損害賠償請求において頻用される損害賠償基準に則り，児童らの逸失利益，慰藉料（児童各人の慰藉料および近親者固有慰藉料）[*42]，葬儀等関係費用の賠償は認めたものの，前述のとおり事後的不法行為の成立を否定したことから，原告ら遺族の原因調査費用，津波の被災後の慰藉料についてはこれ

を否定し，不妊治療費相当の損害や行方不明の我が子を捜索するために仕事を休業したことの損害も教員らの加害行為との間の相当因果関係を否定してこれを認めなかった。

4　石巻市と宮城県の控訴と原告遺族らの控訴

双方の控訴　このように判示した1審判決に対し，石巻市と宮城県はこれを不服として，ほとんど即日に近い態様で，控訴を決定し*43，控訴をした。

　原告ら遺族側は，石巻市と宮城県の国賠責任が認められ，我が子の死が「人災」であったことが明確にされたものの1審判決の判断には不十分な点や納得できない点もあり，原告ら遺族側も控訴することになり，審理の場は控訴審の仙台高裁に移った。

5　1審判決の意義

（1）　1審判決の先例的価値

　1審判決は，以上のとおりの理由で原告ら遺族の請求の一部を認めて，石巻市と宮城県の国賠法上の責任を肯定したが，この判決は次のような意義（先例的価値）が認められる。

　すなわち，津波という自然災害による死亡事案については，東日本大震災の関連では地方自治体や企業の責任を問う訴訟が複数提起されており，判例集や新聞・テレビ等のマスコミ報道などにより私たち（吉岡・齋藤）が確認できたものとしては，本件訴訟以外にも次の13件の訴訟が提起されている。

　しかし，①の日和幼稚園事件及び⑩の野蒜小学校の児童の事件を除き，最終的な裁判所の判断としては，多くの事案でハザードマップやその前提となった本件地震や本件津波に関する事前の調査報告書などを根拠に，津

---

*42　行方不明の原告ら遺族の近親者固有慰藉料について1審判決は，他の遺族より1人当たり50万円多い金額を認容したが，控訴審判決では，これら遺族の心情に寄り添い近親者固有の慰藉料を1人あたり100万円に増額する認定をしている。

*43　宮城県知事は宮城県議会に控訴の可否を諮ることなく，地方自治法に基づく「専決処分」で控訴を決定している。

波による被災の危険についての予見可能性を否定したり，職務権限行使の違法性を否定するなどし，被告側の責任を認めなかったと考えられるものがほとんどである[*44]。

　これらの事件に対する裁判所の判断の背景には，1000年に1度の想定外の津波だから，地方公共団体や企業，学校などの現場の担当者，職員などの過失を理由に法的責任は問えないとの固定観念がかなり影響し，これに捕らわれた判断がされているように思える。

　大川小の国賠訴訟の1審判決も，ハザードマップの信頼性を無批判で受け入れて，石巻市が配布した「防災ハザードマップ」では大川小の手前700m付近までしか津波の浸水域とはされていなかった点，及び，石巻市が大川小を津波の避難場所に指定していていた点を上げて，予見可能性の認定が可能な時点を2度目の大津波警報の発令時の15時10分頃より後の本件津波の来襲の直前まで遅らせる認定の理由としている。

　しかし，1審判決が，上記のような1000年に1度と言われるような巨大津波がこれまで到来の経験がないとしても，結果的に予見可能性を認めて大川小の教員らの過失を認めて石巻市などの国賠責任を肯定した点は評価される。

（2）　他の津波関係訴訟

　この点を本件訴訟以外の死亡事故に関し提起された訴訟の内容を概観することで，さらに検討してみる。

①　日和（ひより）幼稚園事件

　私立幼稚園の送迎バスが津波で被災し，園児5名と添乗員が死亡した事案につき，1審の仙台地裁は「幼稚園には園児の安全に係る自然災害等の情報を収集し，自然災害発生の危険性を具体的に予見し，その予見に基づいて被害の発生を未然に防止し，危険を回避する最善の措置を執り，在園

---

*44　⑥の山元町自動車学校の事件は，1審は学校の責任を認める判断をしているが，控訴審で和解が成立したことから控訴審判決は出されていない。また，自動車学校の支払能力の点も大きく考慮された結果であると思われるが，控訴審での和解内容を見ると自動車学校に賠償責任があることがそのまま維持されたとみられるか否かは疑問がある。

中又は送迎中の園児を保護すべき注意義務を負う」とした上で，「約3分間にわたり最大震度6弱を園長ら職員は体感した…のだからバスを海沿いの低地帯に向けて発車させたら途中で津波により被災する危険性があることを考慮し，ラジオで情報を積極的に収集し，防災行政無線にも耳を傾け，…ラジオで津波の高さが6mと報道されていたのだから津波被害を回避するために高台に位置する幼稚園にとどまる契機となる程度の津波の危険性を予見することが出来た」などと判示し，「停電のためテレビによる情報収集ができず，本件地震後の混乱や，園児，保護者への対応に忙しくてラジオ等による情報収集が困難であった」などと反論した幼稚園と園長に対し，死亡した園児1人当たり約4500万円の損害賠償を認めた（仙台地判平成25年9月17日判例時報2204号57頁）。

　この事件は，その後控訴され，控訴審の仙台高裁が1審判決の結論には賛意をしめしつつ「今後このような悲劇が二度と繰り返されることのないよう園児らの犠牲が教訓として記憶にとどめられ，後世の防災対策に生かされるべきと考える」として双方に和解勧告を行い，2014（平成26）年12月3日，控訴審で和解が成立した。

　仙台地裁の1審判決は，幼稚園の園長らがラジオ等を聞いていなかったため，園長らが直接本件津波に関する情報（最大波高，到達地点や到達時刻など）を入手していなかったという事実関係を前提にして，それでも過失を認定するために津波による被災の危険性に関する情報収集義務を認め，これを足がかりに結果回避義務を肯定して幼稚園の責任を認めたものと言える。この事案のように情報収集義務のみを根拠に過失を認定する判断には批判もある[45]。

　しかし，かなり高台にある日和幼稚園の場合は，本件地震の揺れの規模と異常な長さを体験した園長が，幼稚園より津波被災の危険の高い海岸方面に向けて園児をスクールバスで移動させたこと自体で予見義務違反と結

＊45　米村滋人「津波被災に関する過失判断──災害損害賠償責任論・序説」論究ジュリスト30号（2019年）92頁。なお，この事案でも被災直前の情報収集義務ではなく，本件訴訟の控訴審判決のように平時の組織的な安全確保義務から過失を導くことは可能ではないかと思われる。

果回避義務違反が認められても然るべきではないかと考えられる。

②　七十七銀行女川支店事件

　七十七銀行女川支店の行員 13 人が支店長の指示で支店建物の屋上に避難したが，本件津波で支店長を含む 12 人が死亡した事案について，原告遺族側は「支店長は，屋上ではなく 260m 離れた堀切山に避難するよう指示すべきだった」と主張したのに対し，銀行側は「屋上に津波が来る予測は困難」と争った。

　1 審判決は，余震が続く中，屋上へ緊急に避難した行動には合理性があり，銀行は日頃から避難訓練もしていたなどと判示して，銀行の責任を否定した（仙台地判平成 26 年 2 月 25 日判例時報 2217 号 74 頁）。

　これに対し，遺族側が控訴したが，仙台高裁は「津波到達予想時間の午後 3 時までの情報において，本件屋上を超えるほどの高さの津波が襲来する危険性を具体的に予見し得る情報は存在していなかったことからすれば，支店長が本件屋上への避難を指示し，直ちにより高い避難場所である堀切山への避難を指示しなかったことについて銀行に安全配慮義務違反があったと認めることはできない。」「午後 3 時 15 分の時点では，津波到達予想時刻が経過していたこと，女川の海岸に津波が到達し始めていたことから，本件屋上で避難を継続する場合に被災する危険が堀切山に変更して移動する場合にその途中で被災する危険を明白に上回っていたとまでは言えないから銀行に安全配慮義務違反があったと認めることはできない」などとして控訴を棄却した（仙台高判平成 27 年 4 月 22 日判例時報 2258 号 68 頁）。

　原告遺族は，上告受理申立てを行ったが，最高裁は平成 28 年 2 月 17 日上告不受理決定をしている。

　この事件は，七十七銀行の安全配慮義務の有無とその違反が争点となっており，同行が「災害対応プラン」の平成 21 年の改正において本件屋上を避難場所に追加したことに関し，「本件屋上が間近にある堀切山より低いことなどから，本件屋上は避難場所として追加するには不適切であり」，内閣府の「津波避難ビル等に係るガイドライン」に定められている浸水深に係る要件を満たしていない」などとして，支店建物の屋上へ避難することを定めた上記の七十七銀行の災害対応プランは，安全配慮義務に違反す

ると原告遺族側は主張していた。その意味では，事前の安全確保のための対応義務（「災害対応プラン」の適否とその内容）が争点とされた点では本件訴訟と共通の論点があった。

　しかし，この事件では，安全配慮義務の違反の有無は本件津波の発生後に同支店に津波が襲来する直前における諸事情を前提に，支店建物より標高のある近隣の山への避難をさせることの適否が判断され，災害対応プランの前提となった津波波高などについては，その時点での予見ができなかったとして義務違反の認定はされなかったと言える。

③　山元町立東保育所事件

　宮城県山元町の町立東保育所（園児13人，保育士ら14人）で園児3人が死亡し，死亡した園児2人の遺族が山元町の総務課長が「誤った待機指示を出すなど安全配慮を怠った」などとして町に計約8800万円の損害賠償を求めた事件である。

　この事件で原告遺族側は「海岸から1.5キロの平地にある保育所に津波襲来は予想できたのに，町の総務課長は待機を指示した」と主張し，町側は「待機を指示したとしても保育所まで津波が来ることは予測不可能だった」と反論した。

　1審の仙台地裁は，山元町の総務課長による待機指示はあったと認めた上で，保育所に津波が到達する危険性を予測することはできなかったとして請求を棄却した（仙台地判平成26年3月24日判例時報2223号60頁）。

　これに対し，原告遺族側が控訴したが，控訴審では，2014（平成26）年12月24日，仙台高裁において1人の園児の遺族との間で和解が成立し，和解に応じなかった他の1人の園児の遺族の関係で，仙台高裁は2015（平成27）年3月20日に「町は津波を予見できなかった」として控訴棄却の判決を言い渡した（仙台高判平成27年3月20日判例時報2256号30頁）。

　遺族はその後，上告・上告受理申立てを行ったが，最高裁は2016（平成28）年2月17日に上告棄却，同不受理決定をしている。

　この事案では，ハザードマップの情報とその前提となった「宮城県の第3次地震被害想定調査による宮城県沖地震発生の際の津波浸水域」等に基づく浸水域の予測では「本件保育所の園舎及び園庭が津波による浸水予測

区域に含まれ」ていないし，上記の宮城県の調査で事前に想定された波高を超え，山元町に事前の想定を超える高さの津波が到達し，その浸水範囲が内陸に広範囲に拡大したものであるから「本件保育所にも到達する危険性があることを予見し得たとまでは認められない」として，同町の総務課長及び保育士の予見可能性を否定している*46。

④　ファミリーマート津波訴訟

宮城県多賀城市のファミリーマートでアルバイト中，津波で死亡した女子高校生（当時18歳）の両親が店の運営会社に対し，災害時の避難について指導・教育せず安全配慮義務を怠ったとして，約6900万円の損害賠償を求めた事件であるが，運営会社側は店が沿岸部から約1キロ内陸にあり，津波を予見できなかったと争った事案である。

この事件は，2014(平成26)年7月1日，仙台地裁において和解成立しているが和解内容は非公開であり確認できない。

⑤　山元町・養護老人ホーム津波被災事件

海から300m離れた場所にあった宮城県山元町の養護老人ホーム「梅香園」が本件津波に襲われ，女性職員3人が業務中に津波に巻き込まれて死亡した事件である。

職員3人の遺族が老人ホーム側が安全配慮義務を怠ったとして，2012(平成24)年に山元町を被告として，仙台地裁に対し1億9400万円の損害賠償を求める訴訟を提起した。

仙台地裁は，2015(平成27)年7月11日，この事件を調停に移行させ同月14日に調停が成立している。調停のため調停合意の内容は非公開である。

⑥　山元町・自動車学校津波訴訟

宮城県山元町にあった山元自動車学校の教習生及び同教習所で勤務中の従業員が本件津波の犠牲になった事件であり，教習生及び従業員の遺族が

---

*46　この点は，宮城県の第3次地震被害想定調査の結果を所与のものとして受け入れ，その正確性や合理性を無批判に前提にした判断であって，本件訴訟の控訴審判決がハザードマップの誤りを指摘し，ハザードマップの情報ではない情報及び事情から大川小への津波襲来の危険性とその予見可能性を肯定したことと決定的な相違がある。

学校側に損害賠償を求めた訴訟である。

　1審の仙台地裁は，予想津波高さ6mとの大津波警報に接したとしても最寄りの海岸に6mの堤防が整備されていた教習所に津波が到来することの予見義務はなかったものの，自動車学校の目の前で消防車が，「津波警報が発令されました。坂元中学校に避難してください」と呼びかける広報を教習所の校長ら教官が聴いていたと推認されるから津波到来を具体的に予期し得たとし，さらに公共交通機関で帰宅が困難であり，地理が不案内の教習生に近くの高台へ避難を期待できず，車で5分で避難できたから相当因果関係あったとして，死亡した教習生の遺族らに対し賠償を命じた（仙台地判平成27年1月13日判例時報2265号69頁）。

　また，従業員については，教習所には消防による広報等に従い避難させるべき義務に違反したという安全配慮義務違反があったとして損害賠償責任を認めた。しかし，教習所を運営する法人の取締役ら，学校長及び教官は個人として不法行為等にもとづく損害賠償責任を負わないとした。

　その後，自動車学校側が控訴し，控訴審の仙台高裁の和解勧告があり，和解によって終了した事案である。

　この事件の1審判決は本件訴訟の1審と同じ裁判体による判決であり，本件訴訟と同様に受講生については津波襲来の直近の「現場過失」を認定して，自動車学校の賠償責任を認めたものである。しかし，従業員からの損害賠償請求の根拠とされた，事前（平時）の安全配慮義務違反に関しては「学校において，あらかじめ津波の襲来に備えた災害対応マニュアルの整備をすべきであったということはできない」としてこれを否定している。

　しかし，学校の予見可能性の前提となる津波警報の発令に係る情報については「亘理地区行政事務組合消防本部が本件消防車により教習所の目の前を通る県道相馬亘理線を2回往復して，津波警報が発令されたことと坂元中学校への避難を呼び掛けていたこと……とも整合しており，信用性が高いというべきことからすると，校舎外にいた学校長や他の教官の全てが本件消防車による『津波警報が発令されました。坂元中学校に避難して下さい。』との内容の広報を聞いていなかったとは考え難く，少なくとも一

部はこれを聞いたと推認することができる」との認定をしている。

⑦　名取・閖上津波事件

　本件津波で家族 4 人を失った遺族の原告らが，「防災無線が流れていれば両親と寝た切りの祖母と息子は避難したはずである」と主張し，名取市に対し，6800 万円の支払いを求めて，2014(平成 26)年 9 月 5 日，仙台地裁に提訴した事件である。

　名取市閖上地区では，750 人が津波で死亡しているが，名取市の第三者検証委員会は，市が防災行政無線の故障に気づかず，市の防災計画で定められていた広報車による避難の呼びかけもしていなかったと指摘していた。名取市は，訴訟では想定外の大津波を起因として様々な要因が重なったと反論し，過失はないとして争った。

　同事件は，2018(平成 30)年 3 月 30 日，仙台地裁で原告らの請求を棄却する判決が言い渡された (仙台地裁平成 30 年 3 月 30 日判例時報 2396 号 32 頁)。

　その後，原告側が控訴をしたが 2020(令和 2)年 3 月 12 日，仙台高等裁判所で和解が成立して終了した。

　この事件では，防災行政無線の故障については，名取市の市長による本件津波の予報に関する広報車や公民館を通じた市民への伝達を行わなかった不作為および防災無線を通じて広報活動を行わなかった不作為は，防災無線装置の故障修理は震災当日には不可能であったことから，「それを行わなかったことが許容される限度を逸脱して著しく合理性を欠くとまではいえない」として違法性を否定し，また，防災無線の故障は本件地震の強い振動によるものであり，故障の予見は困難であり，故障と被害者らの死亡との間の因果関係も認められないとした。

⑧　釜石市防災センター津波事件

　岩手県釜石市鵜住居にある同市防災センターに避難した家族が本件津波の犠牲となった事案について，本来は避難場所でないことを釜石市が住民に周知していなかったことが原因だとして，犠牲になった 2 組の家族の遺族が，2014(平成 26)年 9 月 9 日，盛岡地裁へ釜石市を被告として約 1 億8300 万円の損害賠償を求める訴訟を提起した事件である。

　原告ら遺族側は，釜石市が事前に同センターを避難先とする訓練をして

おり，亡くなった家族は訓練どおり同センターに避難した犠牲になったと主張した。

　1審判決は，市長が，東日本大震災前から一次避難場所を指定し，市内の全戸に配布した資料にその名称や所在地を示す等していた他，各種の広報誌や冊子を用いて，避難場所等に関する広報活動を実施しており，かかる場合には，市長は災害対策基本法上の避難に関する事項の周知義務を果たしていたと認められ，原告らの家族が被災した地区防災センターが一次避難場所でないことを積極的に周知すべき条理上の義務があったとは認められないとし，また，一次避難場所でない同センターに避難してきた住民を，同センターの職員が最寄りの一次避難場所に誘導しなかったとしても，時間的に一次避難場所への誘導が困難であったと認められる場合，その職員に職務上の義務違反は認められないから，その義務違反を前提とする市長の職務上の義務違反も認められないとして，原告側の請求を棄却した（盛岡地判平成 29 年 4 月 21 日判例地方自治 427 号 63 頁）。

　原告ら遺族側は，この判決に対し控訴をしたが，2018(平成30)年 7 月 3 日，仙台高裁において，釜石市が行政責任を認め，和解金を支払う和解が成立した。

⑨　石巻市特別養護老人ホーム事件

　石巻市の特別養護老人ホームの通所者（当時 96 歳）が，本件地震の揺れが収まった後，高台にあった同老人ホームから家族が留守中の自宅に送り届けられたが，翌日になって津波に襲われて死亡しているのが発見された事件である。

　遺族が 2011(平成23)年 11 月に老人ホーム側の安全配慮義務違反（自力で避難できなかったのに，高台にある同ホームから自宅に帰宅させたことで津波の犠牲になったこと）を理由に損害賠償請求訴訟を仙台地裁に提起した。老人ホーム側はこの通所者の自宅まで津波が到達することは予測不可能であり，過失はないと主張したが，2013(平成24)年 10 月 10 日に同地裁で和解が成立した。和解内容は公開されていないので不明である。

⑩　野蒜小学校事件

　東松島市野蒜小の体育館に避難した高齢者 2 名が，同体育館を襲った津

波で死亡したのは校長の誘導に過失があったとし，また，安全が確認され
ないまま同小学校の3年生の児童を同級生の親に引き渡し，学校より海側
の自宅周辺で津波に呑まれて死亡したのは学校の過失だと主張し，これら
高齢者2人と児童1人の遺族が東松島市に対し5300万円の賠償を求め提
訴した事件である。

　原告ら遺族側は，体育館の隣に頑丈で十分な高さがある校舎があったの
に，校長が避難してきた高齢者を体育館に誘導し，避難させたと主張し
た。これに対し被告東松島市側は，当時，民家や松林で見通しが悪く，海
までの距離は相当遠くに感じられた，同校は津波浸水区域に含まれず，津
波の襲来は予見できなかったと反論した。

　1審の仙台地裁は，学校に避難した2人の住民に対しては「体育館は津
波浸水予測地域の外にあり，学校側は津波の到達を予見できなかった」と
して請求を棄却した一方，児童が津波により亡くなった点については，「学
校から自宅までの帰路で市の津波浸水予測地域を必ず通過しなくてはなら
ず，女児に危険が及ぶことは具体的に予見できた」として，東松島市に
2660万円を支払い命じた（仙台地判平成28年3月24日判例時報2321号65頁）。

　高齢者1名の遺族と東松島市が控訴したが，仙台高裁は2017（平成29）年
4月27日にいずれの控訴も棄却する判決（仙台高判平成29年4月27日判例
時報2321号65頁）を言い渡した。これに対し，高齢者の遺族から上告がな
されたが，2018（平成30）年5月30日，最高裁は上告を棄却した。

　この事件では，学校に避難して来た高齢者に対する請求を棄却する理由
としても，また，児童に対する請求を認める理由としても，ハザードマッ
プにおける予想浸水域と浸水深に関する情報をかなり重要な事実として考
慮しており，前者では体育館は津波浸水予測地域の外にあったことを理由
に，小学校への津波襲来の予見可能性を否定する事情としており，反対に
後者では児童の通学路に津波浸水域が含まれていることを理由に，児童が
本件津波に巻き込まれる危険性についての予見可能性を認める根拠として
いる。

⑪　山元町・私立ふじ幼稚園事件

本件地震の発生後，園児51人が教諭の誘導で園のそばに止めてあった

送迎バス2台の中に避難したが，本件津波で2台とも押し流され，園児ら8人が津波の犠牲となった事案について，そのうち6名の園児の遺族が，2013（平成25）年4月，山元町と幼稚園の運営法人を被告として2億5000万円の損害賠償を求め提訴した事件である。

訴訟では，原告遺族側は，津波襲来の危険性を予見できたのにラジオなどで情報収集せず，園児を避難させなかったと主張し，被告園及び山元町は「教諭らは津波襲来の危険性を全く認識できず，園児を避難させるのは不可能だった」と反論した。

2015（平成27）7月21日と8月4日に証人尋問が実施され，同年10月14日の和解協議において仙台地裁が「園に津波の予見可能性があったと認定するのは困難との見通しを示した」ことから，遺族は1人300万円，計1800万円の支払を受けることで和解が成立している。

⑫　新いわて農協事件

岩手県山田町の新いわて農協山田支所に勤務していた宮古市の男性（当時22歳）が津波で死亡したのは，同農協が安全配慮義務を怠ったからだとして，遺族が新いわて農協（滝沢市）と代表理事に2200万円の賠償を求めて盛岡地裁に提訴した事件である。

盛岡地裁は，2015（平成27）2月20日に「職員の安全に対する配慮としては不適切，不十分だった」と認定したうえ，「同支所次長が町の指定避難場所の山田南小へ逃げるよう指示し，男性も同僚の車で同小学校に向かったが，校内に入らず，支所に戻って自分の車で宮古市方面に向かい，津波にのまれ死亡した（小学校に避難した他の職員は全員無事だった）ことから，安全配慮義務違反があったとまでは認められない」として原告遺族側の請求を棄却した（盛岡地判平成27年2月20日労働判例ジャーナル39号31頁，LEX/DB25505864）。

原告遺族から控訴がなされ，仙台高裁は2016（平成28）年2月26日に控訴を棄却する判決を言渡し（仙台高判平成28年2月26日LEX/DB25542313），遺族側が上告受理申立てをしたが，最高裁は同年7月13日に上告不受理決定をしている。

⑬　気象庁大津波警報予測事件

　陸前高田市で津波で被災した当時 59 歳の妻が，高台に避難できず死亡したのは気象庁が出した大津波警報の津波の高さ予測が過小だったためとして，夫が国と陸前高田市を被告として 6000 万円の損害賠償を求めて盛岡地裁に提訴した事件である。

　盛岡地裁は，2015(平成 27) 2 月 20 日，気象庁が予測した津波の高さが実際の津波より低かった点に関し，現在の津波予測の限界を指摘したうえ，「結果的に過小予想になったことに過失があるとは言えない」と判示し，陸前高田市が停電時に予備電源を行政無線と水門の遠隔装置に優先的に供給し気象庁の津波情報を一部受信できなかったことについても，「災害拡大を防ぐための必要性を考慮した措置で違法とは言えない」と判示して，原告遺族の請求を棄却した（盛岡地判平成 27 年 2 月 20 日判例時報 2268 号 91 頁）。

　原告遺族らが控訴したが，仙台高裁は 2016(平成 28)年 4 月 15 日（仙台高判平成 28 年 4 月 15 日 LEX/DB25542777）に「気象庁の予報は当時の科学的・統計的知見に基づき最大の誤差を考慮したもので発表時点では合理的だった」，「非常用電源の整備は市の努力義務にとどまり，過失があったとは言えない」と判示して控訴を棄却した。

　遺族から上告がなされたが，最高裁は 2017(平成 29)年 4 月 26 日に上告を棄却している（最決平成 29 年 4 月 26 日 LEX/DB25545896）。

(3)　1 審判決の限界

　本件津波による被災事案に関する他の裁判所の判断では，その多くが津波の予見可能性や結果回避可能性を否定し，過失がなかったとしたり，地方公共団体の公務員の職務行為には違法性はなかったとしているのに対し，本件訴訟の 1 審判決が本件地震発生後の具体的な事情に関する事実認定を踏まえて，大川小で児童の避難誘導に当たっていた教員らの予見可能性と結果回避可能性を認めて，石巻市と宮城県の国賠責任を認める判断を行った点は評価できる。

　しかしながら，1 審判決がいわゆる「現場過失（げんばかしつ）」，特に「直近過失（ちょっきんかしつ）」の

みで国賠責任を認める判断をしている点は，自然災害における学校防災や学校の安全対策の見直しには繋がっておらず，その意味で学校防災を広く取り込んで学校やその設置者の責任を判断するものとなっていない点において，問題と限界があるように思える。

　1審判決のこのような判断は，具体的な過失判断内容及び学校防災における予防的観点からみた責任論からすると，津波の予見可能性の認定時点は遅過ぎるし，また事故後の不法行為を認めていない点において，被害者の救済という観点でも限定されたものとなっている。

　さらに，事故を発生させた加害者の事後の対応においても相応の責任を負わなければならないことを認めなかった点で，制裁的な要素は組み込まれず，そのため将来の予防的な効果も薄い。

　損害論については「制裁的要素を反映した満足感情の実現」としての損害賠償については判例をそのまま引用し，旧来の裁判例と変わらぬ判断によってこれを否定している。

　この点でも本件訴訟の1審判決は，被害者救済のみならず，将来の予防的効果の面からも不十分な判断と言わざるを得ない。

　さらに，原告ら遺族側が主張した「危機管理マニュアル」の整備や避難路の整備等の事前対応義務とその違反については，実質的な争点にはせず，また，判断としてもこれらの義務違反はないとしており，責任の有無の判断を，地震発生後の本件津波による児童の生命身体への危険発生の予見可能性とその結果回避可能性のみに焦点を当てたものとなっている点において，学校防災の根本的な見直しを示唆するものではないと考えられる。

　この点は，控訴審において改めて「組織的過失」として問題がクローズアップされた。

V　控訴審の経緯と控訴審判決の内容

1　控訴審の経緯

　原告遺族らおよび被告石巻市，同宮城県の双方が控訴した本件訴訟は，2017（平成 29）年 3 月 29 日に控訴審の第 1 回口頭弁論（こうとうべんろん）が開かれた。

釈明事項　　　控訴審の口頭弁論期日に先立って行われた進行協議期日において，裁判所から当事者双方に対し，次のとおりの 求（きゅう）釈（しゃくめい）明事項が告知された*47。さらに第 1 回口頭弁論期日においては裁判所から求釈明の趣旨についての説明もなされ，次回期日までに当事者双方に対し，裁判所の求める 釈（しゃくめい）明事項（じこう）について準備書面を提出して主張をまとめるよう指示があった。

> 　大川小学校に在学していた児童の保護者は，学校教育法 17 条 1 項にもとづき，児童を小学校に就学させる義務を負っていた（この就学させる義務の履行の督促を受け，なお履行しない保護者は，10 万円以下の罰金に処せられる。同法 144 条 1 項）上，石巻市教育委員会によって，児童を

---

*47　この他にも，控訴審裁判所は，第 1 審原告に対しては書証として提出されている「Q＆A 学校災害対応ハンドブック」の未提出部分（「第 4 章　平常時のリスクマネジメント」の部分）を書証として提出すること，1 審被告石巻市に対しては，⑴学校教育法施行令 5 条 2 項に基づき，市教委が，大川小学校に在学中の児童の保護者に対し，就学すべき小学校を指定した根拠となる市教委の規則ないし規定を書証として提出すること，⑵市教委が，学校保健安全法 29 条 1 項に基づき，市内の市立小学校に対し，同項の定める危険等発生時対処要領の作成を指示した平成 22 年 2 月 8 日付けの教育長名の文書を書証として提出すること，及び⑶上記⑵の作成指示後の市教委の事務処理の経過に関し，①各市立小学校に対し，上記危険等発生時対処要領の作成を確認したか。それはいつか，②各市立小学校に対し，作成された上記危険等発生時対処要領の写しの交付を求めたか。それはいつか，③各市立小学校が作成した上記危険等発生時対処要領の内容を確認したか。それはいつか，④内容確認後不備の是正を求めたことはあるか。いつ，どの小学校に対して求めたか，⑤各市立小学校の校長に対し，学校保健安全法 29 条 2 項に基づいて，校長がなすべき，危険等発生時対処要領の職員に対する周知，訓練の実施その他の危険等発生時において職員が適切に対処するために必要な措置」について，指示をしたか。いついかなる内容の指示をしたかについて，説明する準備書面を提出すること，そして，⑷平成 21 年 3 月に石巻市が作成した防災ガイド・ハザードマップのうち，河北地区以外のものをすべて書証として提出することを求めた。

就学させるべき小学校を大川小学校に指定されていた（すなわち，保護者に就学させるべき小学校を選択する余地はない）関係にあった（同法施行令5条2項）。

　大川小学校に在学していた児童の在学関係が，上記のような特殊な在学関係であったことは，学校保健安全法29条1項の定める「危険等発生時対処要領の作成義務」及び同条2項の定める「校長の，危険等発生時において職員が適切に対処するために必要な措置を講ずべき義務」の法的性質にいかなる影響を及ぼすか。

　各当事者としての意見を取り纏め，準備書面として提出されたい。

　当初，仙台高裁から当事者双方に釈明を求める事項を記載した文書が送付されてきた時点では，その釈明内容の趣旨と意図を測りかねた。正直に言えば「禅問答」のような印象を受けた。私たち（吉岡・齋藤）でじっくり読み直してみると，控訴審裁判所が求めているのは，1審原告らが提訴当時から主張していた事前の「危機管理マニュアル」等の整備義務違反を捉えて，石巻市側の過失を判断することにしたのではないかと考えられた。その後，第1回口頭弁論期日において，裁判長および主任裁判官から釈明事項についての補足説明がなされたこともあり，この求釈明は，「組織的過失」を控訴審で争点とすることを踏まえ，その判断枠組みの前提となる公立小学校の児童・保護者と学校との法的関係，および学校保健安全法（以下「安全法」という）にもとづく学校が児童や保護者に負っている組織的な義務について，当事者の主張を明らかにさせるものであると確信した[48]。

　私たち（吉岡・齋藤）は裁判所の釈明に答えるため，第2回口頭弁論期日において「組織的過失」に関する主張をまとめた準備書面を提出する準備を始めたが，そのためには「組織的過失」の意義を正しく理解し，この考え方（責任判断の枠組み）が国賠責任（あるいは不法行為責任）の判断におい

＊48　私たち（吉岡・齋藤）は，こうして控訴審が判断の枠組みを変えて「組織的過失」の有無をもって1審被告側の責任を判断する方針だと理解し，この求釈明は1審判決の結論（原告遺族側勝訴）を見直すことを明らかにしたものではないと理解した。

て，いかなる意味を持ち，具体的に本件事故の場合にいかなる事実関係が問題となり，いかなる法的根拠（規範的根拠）に支えられて責任判断がなされるのかについての認識を理解を深めるために学者の意見を聞くこととした。

このような経緯から，以前から学会や研究会でお目にかかったり，講演のお願いなどをしていた京都大学の潮見佳男教授に相談に伺い，潮見教授から教えを受ける中で，控訴審の裁判官が自信をもって責任判断をしてもらえるよう，理論面からこれを支えるために潮見教授に依頼して，「組織的過失」に関する意見書の作成（補充意見書を含め2度にわたり作成をお願いした）をしてもらい，証拠として提出した[*49]。

また，津波襲来の危険に関する予見可能性の前提事実の立証を補充するため，公益社団法人地盤工学会の専務理事などを勤めた技術士（建設部門）の中村裕昭氏に依頼して，「北上川の特性と堤防に関する地盤工学上の論点」についての意見書を作成してもらい，その後，同意見書も証拠として提出した[*50]。

控訴審では5回の口頭弁論期日および進行協議期日が開かれ，裁判官の現場見分（現場での進行協議期日）が行われた後，2回の証人尋問期日において，市教委の学校教育課長および教育総務課課長補佐[*51]，大川中学校の元教頭，校長の4名の証人尋問が行われた。

控訴審は，2018(平成30)年1月23日に結審し，同年4月26日に校長等の「組織的過失」を認め，1審判決より賠償額を増額した1審原告（遺族）

---

*49　潮見教授からは，(a) 本件地震の発生後に児童にとっての生命侵害の具体的危険を予見して回避するために必要な措置を講じたか否かという観点からの過失判断と，(b) 組織的に行動している校長，教頭その他の教員が，組織的に分掌され，各自に割り当てられた職務内容に照らし児童の安全確保・危機管理のために職務上で義務づけられている注意を尽くしたかという観点からの過失判断が考えられるとしたうえで，本件では (a) (b) 双方の過失が認められること，とりわけ，(b) について，学校保健安全法26条・29条は，その規範の保護目的に照らせば，公法上の義務にとどまらず，権利・法益の保護を目的とした私法上の義務の根拠規定でもあるとし，……教育組織に置かれた個々の教員の職務上の義務の内容を捉えるうえでの組織法上の基礎となりうるものであり，児童の安全確保のために教員に対し組織的に課される義務としての注意義務とその違反（過失）の有無を判断する際の起点とされるべきものである，などとする意見書をいただき，同意見書は高裁判決に大きな影響を与えた。

側勝訴の判決(仙台高判平成30年4月26日判例時報2387号31頁)を言い渡した。

しかし，石巻市と宮城県は同判決に不服があるとして，上告および上告受理申立てを行った。

2 控訴審の争点

遺族ら1審原告が主張した責任の法律構成は，①国賠責任，②不法行為責任及び③在学契約にもとづく債務不履行責任の3つであったが，控訴審判決は国賠責任についてのみ次の(1)から(3)を控訴審における争点として整理し，これに対する判断をしている。

(1) 平時における校長等の職務上の義務を懈怠したことが国賠法の過失となるか。

(2) 本件津波の大川小への来襲による児童の生命・身体が損なわれる危険の予見可能性を前提とした，教頭，教務主任，教員らの結果回避義務の懈怠（けたい）が国賠法の過失となるか。

(3) 本件津波来襲後の事後的違法行為の有無。

控訴審が整理した争点の(1)は，そもそも危険が現実化したその時点ではなく，それ以前の「平時」において校長等には学校に通う児童・生徒などに対する安全を確保すべき義務が認められるのか否か，また，そのような

---

*50 中村技術士の意見書では，北上川の河川勾配は1万7000分の1と非常に緩やかで感潮域も河口から17.2kmと長く，大川小の付近は感潮域にあたり2m近い水位変動があること，一般的に河川堤防の脆弱部が，地震で損壊することが繰り返されていることが土木界の客観的知見であったこと，防災的には過去から繰り返される災害の教訓からハザードマップの浸水想定区域図はあくまで大まかな情報であり，過度の信頼は禁物であること，大川小の周辺の状況をみると，北上川の河川堤防は守るべき陸地の範囲を連続して囲っておらず，直近の1978年宮城県沖地震では亀裂・沈下・陥没の被災を経験しており，根本的対策が実施されないまま東日本大震災を迎えたことなどが指摘されている。この点からも，地震の揺れや津波の力によって，富士川や北上川の堤防が損壊する危険が十分にあり得ることを踏まえ，津波が遡上すれば大川小は津波で被災する事実を市教委や大川小の校長らは予見し得たことが，控訴審の裁判官にもよく理解されたのではないかと考える。

*51 証人尋問で同課長補佐は，市教委が市内の各学校に示す「危機管理マニュアル」のひな形は，津波が来襲することは考えられない海なし県である「山梨県」のマニュアルを参照してひな形を作成し，配布したという衝撃的な証言をした。また，山梨県のマニュアルを参考にした理由について同証人は「いろいろ調査して集めた資料の中で，実際にマニュアルとして分かりやすい例を取りまとめた。」「簡単だったから」と証言した。この点は市教委の学校安全に対する認識の欠如や危機意識のなさを如実に表したものというべきである。

義務が認められるとして，その義務違反が法律論として，国賠法における責任要件としての「過失」に当たると言えるのかという国賠責任の一般的な法律上の論点に関わる問題である。

　これに対し，⑵の争点は，本件事故に関し，大川小の児童が本件津波によって生命，身体に危険が及んでいることの予見可能性を前提にして，国賠法上の法律上の義務（規範的義務）として具体的に児童や保護者の権利，利益を守るべき注意義務があったと言えるのか，そのような義務が認められるとして，その義務が国賠法上，これらの被害者との関係で具体的に法律上の義務と観念でき，その違反（懈怠）が国賠責任の要件である「違法に」職務遂行したことに該当すると言えるのか否か（「違法性」の要件）の問題である。

　そして，⑶は，以上の⑴と⑵が本件津波によって大川小の児童の命が奪われたこと，およびその保護者遺族に精神的苦痛を与えたことに対する石巻市等の責任ではなく，本件津波が襲来し，これら損害が発生した後に校長や教務主任，市教委が原告ら遺族に対応した際における行為（事後の行為）の違法性（社会的相当性）を問題にするものである。

3　平時における校長等の安全確保義務の懈怠の国賠法上の意義

（1）　児童の生命・身体の安全確保義務

　控訴審判決は，最終的な結論として，校長等には安全法 26 条から 29 条にもとづき，2010（平成 22）年 4 月末の時点で，2004（平成 16）年 3 月の「宮城県防災会議」の報告（以下「平成 16 年報告」とする）において想定されていた地震（控訴審判決では「本件想定地震」と表記されている）により発生する津波の危険から[*52]，大川小の児童の生命・身体の安全を確保すべき義務（本件安全確保義務）を構成するに至っており，校長等はこれを懈怠したことをもって国賠法上の過失が認められ，かつ，その違反は違法であると判示したものであるが，このような判断の前提として，まず，平時において校長等が国賠法上，職務上の安全確保義務を負っていたか否か（校長等の地位について一般的な安全確保義務が認められるのか否か）について，次の①から⑥の理由を上げて，これを肯定した。

①　校長と教頭，教務主任の安全法 27 条にもとづく「学校安全計画」 の策定義務

学校の安全確保義務　　控訴審判決は，まず，次のとおり判示して，校長と教頭，教務主任が安全法 27 条が規定する「学校安全計画」の策定義務を負担していたと認定した。

校長は「大川小の校務をつかさどり，平成 22 年 4 月末当時，大川小に所属していた教頭，教務主任ほか教諭」など「合計 12 名の教職員を監督する職務上の地位にあり（学校教育法 37 条 4 項)」，教頭は同月末当時「校長を助け，校務を整理し，及び必要に応じ児童の教育をつかさどるとともに，校長に事故があるときは校長の職務を代理し，校長が欠けたときは校長の職務を行う職務上の地位にあった」，教務主任も同月末当時「校長の監督を受け，教育計画の立案その他の教務に関する事項について連絡調整及び指導，助言に当たる職務上の地位にあった（前提事実(1)。学校教育法施行規則 44 条 1 項，3 項，4 項)」とし，さらに安全法 27 条は「学校において，児童生徒等の安全の確保を図るため，学校における安全に関する事項について計画を策定し，これを実施すべきことを定める」が，この当時「大川小の校務をつかさどるのは校長であったから，大川小における安全計画を策定し，これを実施すべき責任者は，校長であったと認められ」るとした。

そして，教頭については「校長を助け，校務を整理すべき職務を有していたから，その立場で大川小における安全計画を策定し，これを実施すべき義務を有していたと認められ」るとし，教務主任も「校長の監督を受

*52　控訴審判決が一般に正しく理解されていないと思われる理由の 1 つに，同判決が予見対象とした事象が東日本大震災で実際に起きた本件津波ではなく，「宮城県防災会議」の報告において想定されていた「本件想定地震」とした点が指摘できる。特に，本件津波は 1000 年に一度の未曾有の津波であり，過去にも大川小が設置されていた釜谷地区まで津波が到達したとの記録は残されていないし，河口から 3.7 ㎞も遡上して学校を襲うことは近隣住民も多数犠牲になり，大川小の教員らも犠牲になっていることからすれば，誰にも予見できなかったとの見方から抜け出せない論者にとっては，控訴審判決が予見の対象としたのは実際に発生した津波ではなく，事前の防災（つまり学校安全の確保）の観点で想定されていた津波の発生が予見可能であったのか否かを対象として予見可能性を判断していることを正確に認識しないまま，予見可能性を認めたことを批判している例がかなりあるのではないかと考えられる。

け，教育計画の立案その他の教務に関する事項について連絡調整及び指導，助言に当たる職務を有していたから，安全計画が教育計画の中に位置付けられていた大川小においては，その立場で大川小における安全計画を策定し，これを実施すべき義務を有していたと認められる」と判示して，いずれも安全法27条の学校安全計画の策定義務の負担者であったと認定した。

②　市教委の安全法上の義務

次に，控訴審判決は市教委の安全法上の義務について次のとおり判示している。

まず，市教委は石巻市が処理する「教育に関する事務で，校長，教員その他の教育関係職員の研修に関すること，並びに校長，教員その他の教育関係職員及び生徒，児童及び幼児の保健，安全，厚生及び福利に関することを管理し，執行する職務権限を有する（地方教育行政法23条8号，9号）」ので，「大川小の校長及び教員の研修，並びに大川小の校長，教員及び児童の安全（学校における安全には，安全教育と安全管理の2つの領域があり，同法23条9号にいう「安全」にはその両領域が含まれるものと解される）に関することを管理し，執行する職務権限を有していたと認められる」とした。

これを前提に，安全法26条は「学校の設置者は，児童生徒等の安全の確保を図るため，その設置する学校において，事故，加害行為，災害等により児童生徒等に生ずる危険を防止し，及び事故，加害行為，災害等により児童生徒等に危険又は危害が現に生じた場合において適切に対処することができるよう，当該学校の施設及び設備並びに管理運営体制の整備充実その他の必要な措置を講ずるよう努めるべきことを定め」ていることから，市教委には「大川小の児童の安全の確保を図るため，大川小において，災害により児童に生ずる危険を防止し，及び災害により児童に危険又は危害が現に生じた場合において適切に対処することができるよう，大川小の施設及び設備並びに管理運営体制の整備充実その他の必要な措置を講ずるよう努めるべき義務があった」と認定した。

③ 安全法28条の措置を講じるべき校長と教頭の義務

また，控訴審判決は，安全法28条は校長に対し，「当該学校の施設又は設備について，遅滞なく，児童生徒等の安全の確保を図る上で支障となる事項の改善を図るために必要な措置を講じ，当該措置を講ずることができないときは，当該学校の設置者に対してその旨を申し出るべきことを定める」から，2010(平成22)年4月末当時の校長としては「大川小の施設又は設備について，遅滞なく，在籍児童の安全の確保を図る上で支障となる事項の改善を図るために必要な措置を講じ，当該措置を講ずることができないときは，大川小の設置者である第1審被告市[*53]（市教委）に対してその旨を申し出るべき義務を有していたと認められる」と判示して，安全法28条に基づく校長の措置義務を認めた。

教頭についても「校長を助け，校務を整理すべき職務を有していたから，その立場で大川小の施設又は設備について，遅滞なく，在籍児童の安全確保に必要な措置を講じるよう，又は当該措置を講ずることができないときは，石巻市（市教委）に対してその旨を申し出るよう校長に対して進言すべき義務を有していたと認められる」として同条にもとづく措置義務を認めた。

④ 校長，教頭および教務主任の安全法29条にもとづくマニュアル作成義務，周知・訓練義務

マニュアル作成義務，周知・訓練義務　(ア) 次に控訴審判決は，安全法29条1項は学校における児童生徒等の安全の確保を図るため「当該学校の実情に応じて，危険等発生時において当該学校の職員がとるべき措置の具体的内容及び手順を定めた対処要領（以下，本判決においては，同条の定める危険等発生時対処要領を「危機管理マニュアル」という。）を作成すべきことを定め」ており，2010(平成22)年4月末当時，大川小の校務をつかさどるのは校長であったから「大川小において大川小の実情に応じた危機管理マニュアルを作成すべき責任者は，校長であったと認められる」として校長の「危機管理マニュアル」の作成

---

*53　以下，判決の引用部分も含め単に「石巻市」と表記する。

義務を認めた。

　そして，教頭についても「校長を助け，校務を整理すべき職務を有していたから，その立場で大川小における危機管理マニュアルを作成すべき義務を有していたと認められ」とし，さらに教務主任に関しても「校長の監督を受け，教育計画の立案その他の教務に関する事項について連絡調整及び指導，助言に当たる職務を有していたから，危機管理マニュアルが教育計画の中に位置付けられていた大川小においては，その立場で大川小における危機管理マニュアルを作成すべき義務を有していたと認められる」と判示して，教頭及び教務主任についても「危機管理マニュアル」の作成義務を認めた。

　(イ)　また，安全法29条2項は校長に対し「危機管理マニュアルの職員に対する周知，訓練の実施その他の危険等発生時において職員が適切に対処するために必要な措置を講ずべきことを定めている」ので，2010(平成22)年4月末当時，校長としては「大川小の危機管理マニュアルを大川小の教職員に周知するとともに，危機管理マニュアルに従った訓練の実施その他の危険等発生時において教職員が円滑かつ的確な対応ができるように必要な措置を講ずべき義務を有していた」と認めた。

　そして，教頭についても「校長を助け，校務を整理すべき職務を有していたから，その立場で大川小の危機管理マニュアルを教職員に周知するとともに，危機管理マニュアルに従った訓練を実施するなど，危険等発生時において教職員が円滑かつ的確な対応ができるようにするための必要な措置を講ずべき義務を有していたと認められる」として，校長と教頭には「危機管理マニュアル」の作成だけに限らず，その周知義務，マニュアルに沿った訓練の実施義務があったと判示した。

⑤　**市教委による学校運営に関する個別具体的な関与の適否**

市教委の関与　本件訴訟で石巻市と宮城県は，安全法29条1項によれば，危機管理マニュアルの作成主体は学校とされているが，「危機管理マニュアル」はその学校の実情に応じて定めるものであり，当該学校の実情に最も精通しているのはその学校自身であるから，「危機管理マニュアル」の作成にあたっては校長の裁量は最大限尊重され

るべきであり，その内容をどのようにするかは，原則として校長の裁量に委ねられているとみるべきであって，市教委が個別の学校の「危機管理マニュアル」の内容に踏み込んだ介入的な指導，助言，命令等を行うことはできないと主張していた。

この主張に対しても控訴審判決は，「教育委員会の管理権の行使に限界があるとされる理由は，学校が，児童生徒を直接教育するという目的で設置された教育機関であり，その目的のために専属の人的組織及び物的施設を備え，そこで行われる教育という作用が，教諭と児童生徒との間の直接の人格的接触を通じ，児童生徒の能力や性別等に応じて弾力的に行われる必要があり，そこに教諭及びその組織体としての学校の自由な創意と工夫の余地が要請されるという点にあると解される（最高裁昭和 43 年（あ）第 1614 号同 51 年 5 月 21 日大法廷判決・刑集 30 巻 5 号 615 頁参照）」との解釈を示し，これを前提にして「教育委員会の細部にわたる個別具体的な関与が不適切とされるのは，児童生徒に対する直接的な教育作用に関わる部分に限られるというべきであり，児童生徒の安全，とりわけ安全管理の領域（危機管理マニュアルの作成は安全管理の領域に入る事項である。）について，教育委員会の学校に対する細部にわたる個別具体的な関与を不適切とする理由はない」とし，「地方教育行政法 23 条（現行の 21 条）が，教育委員会の職務権限として，生徒，児童及び幼児の安全に関することを管理し，執行すると定めていて，生徒，児童及び幼児の教育に関することを管理し，執行すると定めていないのは，上記の趣旨を明らかにしたものと解される」とした。

さらに「上記のような公教育制度が円滑に運営されるためには，児童生徒に対する教育を組織的かつ計画的に行う場所である公共施設としての学校の安全が確保されること及び児童生徒に対する養育，監護の作用の一部を学校に移譲する立場にある保護者（子に対して親権を行う者（親権を行う者のないときは，未成年後見人）をいう（学校教育法 16 条）。以下同じ。）が，その安全性に対して十全の信頼を置いていることが不可欠の前提である」が，阪神・淡路大震災の発生や大阪教育大学附属池田小学校での児童・教員殺傷事件の発生など「学校という公共施設に通う児童生徒の安全を取り

巻く状況は緊迫度を増し，施設建物を建築して児童生徒をそこに集めれば児童生徒の安全が確保されるというような生易しい社会情勢ではないという認識が国民全体に浸透してきた」ため，安全法を改正し「法律の明文をもって，学校安全に関する地域の実情や児童生徒の実態を踏まえつつ，各学校において共通して取り組まれるべき事項について規定を整備するとともに，学校の設置者の責務を定める等の措置を講ずることを規定する必要性が生まれたということができる」と認定した。

　そして，この「改正によって新設された同法26条ないし29条は，地方公共団体が設置する学校に関していえば，教育委員会，その運営主体である学校及びその運営責任者である校長に対し，公教育制度を円滑に運営するための根源的義務を明文化したものと解することができる」との判断を示し，石巻市や宮城県の前記の主張を排斥した。

　⑥　市教委の「危機管理マニュアル」についての指導・是正等の義務

市教委の指導・是正等の義務　以上のとおりの認定，判断を踏まえ，市教委が市内の各学校に対し「危機管理マニュアル」についての指導や是正などの義務を負っていたか否かについて，控訴審判決は，「危機管理マニュアル」の作成に関して次のとおり判示して，指導・是正等の義務を肯定した。

　すなわち「宮城県内の小中学校の教職員は，平均して3年程度で異動することが通常であり，同一校勤続年数2年未満の教職員が占める割合は…5割近くを占め，特に大川小のような僻地校においてはその割合が6割を超えているという事実に照らせば，学校という組織の実態は，当該学校の実情を継続的に蓄積できる体制にはなっていないというべきであって，当該学校の実情に最も精通しているのは当該学校自身である（大川小の実情に最も精通しているのは大川小自身である）とは必ずしもいえない」こと，「むしろ，市教委が，毎年，石巻市内の各小中学校から教育計画の提出を受けていた事実に照らせば，同一の小中学校について，継続的にその実情を蓄積し易い立場にあったのはむしろ市教委であるといえる」こと，また「石巻市内の小中学校の全体状況に照らした各小中学校の位置付けを把握できる情報を保有しているのは，市教委のみである」ことから，市教委は，安全

法29条1項にもとづき「大川小に対し，在籍児童の安全の確保を図るため，大川小の実情に応じて，危険等発生時において大川小の教職員がとるべき措置の具体的内容及び手順を定めた危機管理マニュアルを作成すべきことを指導し，作成された危機管理マニュアルが大川小の立地する地域の実情や在籍児童の実態を踏まえた内容となっているかを確認し，内容に不備があるときにはその是正を指示・指導すべき義務があったと認めるのが相当である」と判示し，その是正の指示・指導義務を肯定した。

（2）　安全法の義務と国賠法上の違法を根拠づける校長等の職務上の注意義務

安全法上の義務　次に，控訴審判決は校長等が学校保健安全法（以下，安全法）にもとづいて負っているこうした義務が，国賠法上も当該地位（あるいは組織の構成員）に認められる抽象的あるいは一般的な義務に止まらず，損害を受けた者との関係で具体的な義務と評価しうるか否かについて検討している。

石巻市と宮城県は，この点について，安全法26条から29条は抽象的義務ないし努力義務を定めているに過ぎないから，国賠法上の過失なり違法性の判断の前提となる校長らの具体的な作為義務は認められないと主張したが，控訴審判決は，次の①から③の理由を上げて，石巻市および宮城県の主張を排斥したうえ，校長等の安全法の義務は，国賠法上の過失および違法を根拠づける職務上の注意義務（法規範性）を構成すると判示した。

①　控訴審判決は，安全法が26条ないし29条によって保護しようとする法的利益は，地方公共団体が設置する学校に関していえば「児童生徒に対する教育を組織的かつ計画的に行う場所である公共施設としての学校の安全が確保されること及びこれに対する児童生徒の保護者の信頼であり，これは，公教育制度を円滑に運営するための根源的な利益である」から，「その根源的利益を遺漏なく保護するに当たって行使されるべき教育委員会及び校長以下の学校運営者の権限は，当該学校の実情に応じて適切かつ合理的に行使されなければならないものであって，教育委員会及び校長以下の学校運営者の自由裁量に任されているわけではない」とした。

　そして「学校は，児童生徒を直接教育するという目的で設置された教育機関であり，その目的のために専属の人的組織及び物的施設を備え，そこで行われる教育という作用が，教諭と児童生徒との間の直接の人格的接触を通じ，児童生徒の能力や性別等に応じて弾力的に行われる必要があるから，児童生徒に対する直接的な教育作用に関わる部分については，校長以下の学校運営者の権限の行使には広範な裁量が与えられるべきである」が，「児童生徒の安全，とりわけ安全管理の領域（危機管理マニュアルの作成は安全管理の領域に入る事項である。）については，これと同様に考えることができない」と判示して，安全法にもとづく校長等に課されている義務は，安全管理の領域では学校教育において校長等に広い裁量が認められている趣旨に反しないと判示した。

　②　次に，安全法26条から29条の義務を考えるうえで考慮すべき「学校の実情」について，控訴審判決は，「教育委員会及び当該学校自身がそれぞれに収集・蓄積する立場にあり，それぞれが収集・蓄積した情報を有機的に交換すること（石巻市内の小中学校が毎年教育計画を作成して市教委に提出していた行為は，学校から教育委員会に対する情報提供であり，指導主事による学校訪問は，教育委員会から学校に対して情報提供を行う絶好の機会となるといえる）によって，当該学校の実情は，教育委員会と学校が相互に共有する客観的な情報となる」から，安全法26条ないし29条が定める校長等の作為義務の内容は「教育委員会と学校が相互に共有する当該学校の実情に基づき具体的に定まり，校長等の作為義務の内容を拘束する規範性を帯びることになる」として，国賠法上の法的義務になるとの判断を示した。

　③　また，控訴審の審理の当初の段階で裁判所から釈明を求められた在学関係の特殊性に関する論点につき，石巻市及び宮城県が，大川小に在学していた児童の在学関係は，学校教育法上の就学義務及び石巻市における通学区域制にもとづくものであるが，就学義務それ自体が特殊な在学関係を基礎付けるものとはいい難いから，安全法26条ないし29条が定める義務の性質に影響を及ぼさないし，通学区域制についても，就学義務は公立学校に限らない全ての学校（およびその校長）が等しく児童生徒等の安全の確保を図る目的で負うものであるから，在学関係の成立過程における特殊

性がその趣旨・目的を含め就学義務との関係において，その法的性質や義務内容にまで影響し得るような密接かつ具体的な関連性は何ら見い出し得ないと反論したことに対し，控訴審判決は，以下の理由を示し，「在籍児童の保護者は，市教委により，児童を大川小に通わせることを法律上強制されていたということができる」との判断を示した。

すなわち，「在籍児童の保護者は，学校教育法 16 条，17 条の定める普通教育を受けさせる義務（就学義務）の履行として，在籍児童を大川小に通わせていたものである」とし，「保護者に対して命じられた上記就学義務は，抽象的義務ないし努力義務ではなく，刑罰（同法 144 条。同法 17 条 1 項の義務の履行の督促を受け，なお履行しない者は，10 万円以下の罰金に処せられる。）の制裁によって担保された具体的かつ規範的義務」であったこと，しかも「在籍児童の保護者は，学校教育法施行令 5 条 2 項，石巻市学校教育法施行細則 4 条，石巻市立小学校及び石巻市立中学校の通学区域に関する規則 2 条別表により，大川小に児童を通学させるよう市教委による行政処分を受けていたものであり，大川小が学校としての安全性が確保されていないという理由で，大川小以外の石巻市内の他の小学校に児童を通わせるという選択をすることはできなかった」こと，さらに市教委が採用する通学区域制は「過大学級を防ぎ教育の機会均等を実現すること及び居住地域での学校生活による子どもの人間的成長を期する趣旨から設けられた制度である（弁論の全趣旨）から，指定校の変更申立てが相当と認められるのは（学校教育法施行令 8 条），児童の身体的事由や監護環境等に照らし，指定校への就学に支障を生ずる客観的かつ合理的理由がある場合に限られており，保護者の判断によって自由に児童を通学させる小学校を選択できるものではない」こと，また石巻市が設置する小学校以外の小学校に児童を就学させる場合も「上記と同様の客観的かつ合理的理由が必要である上，相当の経済的負担を伴うから（特に，私立小学校や国立小学校に通学させる場合），平均的な経済水準の保護者が容易に選択できる方法ではない」ことから，法律上強制される関係にあったと判断した。

そして「このような在学関係の成立が容認されるのは，子どもの教育が社会における重要な共通の関心事であり，子どもの教育を社会の公共的課

題として国公立の学校を中心とした公教育制度によって営むことについて，社会全体の承認が成立していること，また，その前提として，公教育制度を営むために設置される学校において，児童生徒の安全が確保されることが制度的に保証されているということにある（そのような制度的保障がなければ，児童生徒に対する養育，監護の作用の一部を保護者から学校に強制的に移譲することを正当化することはできない。）と考えられ」，したがって，地方公共団体が設置する学校に関していえば，安全法 26 条ないし 29 条が定める義務は「上記制度的保障の一環として成立していると解されるものであって」，安全法 26 条ないし 29 条が明文で規定した校長等の作為義務は「市教委がその行政処分によって指定した大川小の在籍児童の保護者に対する関係で規範的拘束力を有し，職務上の法的義務として履行されるべき作為義務の内容となると解するのが相当である」と判示した[*54]。

④　さらに，控訴審判決は，**校長等の具体的な作為義務**（本件想定地震により発生する津波の危険から大川小の児童の生命・身体の安全を確保すべき作為義務）の法規範性（国賠法上の「違法性」）について次のとおり判示している。

すなわち，「在籍児童の保護者との関係で校長らを拘束する規範性を石巻市立学校の管理に関する規則 6 条は，1 項において，学校は，学習指導要領の基準及び教育委員会が定める基準により教育課程を編成するものと定め，2 項において，校長は，その年度において実施する教育課程について，①教育目標，②教育課程表，③学習指導，生徒指導及び進路指導の大要を，毎年 4 月 30 日までに教育委員会に届け出なければならないと定めている（以下，上記規則の定めによって編成された教育課程又はその編成された教育課程を記載した文書を『教育計画』という。）」と判示した。

[*54] 本件事件は，公立小学校の事案であるから，保護者が児童を就学させる義務を媒介にして，安全法上の義務が国賠法上の義務にもなる理由としている点はそのとおりと考えるが，石巻市や宮城県側が反論したようにこの点をあまり強調すると，私立学校の場合には学校における「組織的過失」に基づく責任判断をする場面では，安全法の義務違反が国賠法上も義務違反となることの根拠としては不十分ではないかとの議論にもなりかねない。この点は，むしろ控訴審が学校教育における児童，生徒の安全が守られることは，教育における「根源的利益」としている点こそが，これらの義務が肯定される最も重要な点ではないかと考える。なお，この点については，前掲注 45 の米村滋人「津波災害に関する過失判断──災害損害賠償責任論・序説」論究ジュリスト 30 号（2019 年）98 頁参照。

危機管理マニュアルの作成は？

そして，大川小においても「校長は，上記規則の定めに従い，平成 22 年 4 月 30 日までに，平成 22 年度において大川小において実施する教育課程を編成し，これを教育計画にまとめて市教委に提出した（以下，校長が作成し，市教委に提出した平成 22 年度教育計画を「本件教育計画」という。）」と認定し，さらに「本件教育計画の中には，『地震（津波）発生時の危機管理マニュアル』と題する文書（以下「本件危機管理マニュアル」という。）が含まれていたが，これは，市教委が平成 22 年 2 月 8 日付けで石巻市立小中学校長宛てに発出した『学校における災害対策体制の整備について（依頼）』と題する依頼文書（以下「本件依頼文書」といい，本件依頼文書による市教委の石巻市立小中学校長に対する依頼を「本件依頼」という。）において，『学校における災害対策やその体制につきまして早急に整備し，次年度の教育計画に位置付けるなどにより，災害に対する万全の備えをしていただくようお願いいたします。』とした依頼に対応して，大川小において，本件危機管理マニュアルを本件教育計画に位置付けた形式で作成し，市教委に提出したものであった」とし認定した。

その上で，「本件依頼は，平成 16 年報告において，本件想定地震の発生が，平成 15 年 6 月 1 日の基準日から 30 年以内に 99％という高い確率で想定されていた中で，石巻市内の小中学校に対して本件想定地震に対する万全の備えを指示する趣旨で発出されたものであること等に鑑みると，遅くとも本件依頼が危機管理マニュアルの作成期限として指定した平成 22 年 4 月 30 日（同日は，平成 22 年度の教育計画の市教委に対する提出期限である。）の時点では，学校保健安全法 26 条ないし 29 条が定める校長等の作為義務の内容は，大川小の実情に基づいて具体的に定まり（本件安全確保義務。本件安全確保義務の具体的内容は争点…を一言で言えば，本件想定地震により発生する津波の危険から，在籍児童の生命・身体の安全を確保すべき作為義務である。），在籍児童の保護者との関係で，校長等を拘束する規範性を帯びることになった（したがって，校長等が，本件安全確保義務の履行を過失によって懈怠したときは，国賠法 1 条 1 項にいう違法という評価を免れない。）ものと認めるのが相当である」と判断した。

こうして，控訴審判決は，「危機管理マニュアル」を平成 22 年度の教育計画の市教委に対する提出期限である平成 22 年 4 月 30 日までに整備，改訂したものを作成し，市教委に提出すること等を内容とする「本件安全確保義務」が校長等に課されており，この履行を怠れば国賠法上も「違法」であるとの判断をしたものである。

⑤　安全法 26 条から 29 条の作為義務の性質

なお，控訴審判決は，安全法 26 条から 29 条が明文で規定した校長等の作為義務の性質について「大川小における在籍児童の在学関係においては，その在学関係成立の前提となる中心的義務であって，ある法律関係の付随義務として信義則上一般的に認められるに過ぎない安全配慮義務とはその性質を異にするから，上記作為義務が，大川小における在籍児童の在学関係成立の前提となる中心的義務として成立する（これが，上記(1)において定義した本件安全確保義務にほかならない。）以上，信義則上一般的に認められるに過ぎない安全配慮義務の存否及びその内容について，本件において問題とする余地はない」と判示している。

控訴審判決は，同判決が認めた「本件安全確保義務」は信義則上の義務とは性質を異にする義務であり，本件事件では信義則上の安全配慮義務は問題となる余地はないとした。控訴審判決が認めた「本件安全確保義務」は，学校教育における子供の安全が教育における「根源的義務」であるとしたことを踏まえて理解すべきであり，このような意味で，①学校教育における，②他の権利，利益よりも最優先に尊重されるべき義務であり，③教育制度の本質（根源）に関わる義務であることを強調する趣旨から，このような判断をしたものであると考えることができよう。

4　本件安全確保義務について

(1)　「本件想定地震」により発生する津波についての予見可能性の前提事実

本件における具体的な安全確保義務

次に，控訴審判決は，校長等には国賠法上の義務として大川小の児童らに対する安全確保義務が肯定できるとしたが，その具体的内容につ

いての判断を行っている。

　このような具体的義務の内容は，控訴審判決が予見の対象とした「本件
想定地震」による津波から生じ得る大川小の児童に対する具体的危険の内
容に応じて定まるものと考えられることから，この具体的な安全確保義務
の内容を確定する前提として，校長等の予見可能性について，次のアから
エのとおりの国や宮城県および石巻市の施策，対策および対応について，
それらの内容を，逐一，具体的に認定し，後述のとおり，2010(平成22)年
4月末の時点で，校長等は，本件想定地震により発生する津波により，大
川小が被災する危険性を予見することは十分可能だったと判断した。

ア　文科省の対策等

　控訴審判決は，文科省が学校など教育現場における防災対策等のために
作成した指針，報告，計画や通知として，次のものを上げて，予見可能性
の根拠としている。

①　1992(平成4)年3月「小学校施設整備指針」

②　1995(平成7)年6月「学校等の防災体制の充実についての第一次報
　　告」

③　1996(平成8)年9月「学校等の防災体制の充実についての第二次報
　　告」

④　2001(平成13)年1月「文科省・防災業務計画)

⑤　2001(平成13)年11月「『生きる力』を育む学校での安全教育」

⑥　2008(平成20)年7月「学校保健安全法」の概要，留意点を通知

⑦　2009(平成21)年4月「『生きる力』を育む学校での安全教育の改訂」

　これらのうち「学校等の防災体制の充実についての第一次報告」では，
児童等の安全確保のための方策として「学校としては，災害時における児
童等や教職員の安全確保に万全を期すということがまず第一の役割であ
り」と明記されているし，同じく第二次報告では「地震等の災害の発生に
際し，幼児児童生徒（以下「児童等」という。）及び教職員の安全を確保する
とともに，学校教育の円滑な実施等を図るため，児童等の発達段階，地域
の実情，過去の災害発生事例等を踏まえながら，以下の事項を主たるねら
いとして学校防災に関する計画を作成する必要がある」(32頁) などとし

て，学校防災計画の作成が求められている。

　また，「『生きる力』を育む学校での安全教育」では，「2. 火災，地震，津波…などの安全措置」として，「地震，津波…が発生した場合には，それぞれの…情報収集体制を含めて，防災のための組織を確立する」「安全措置では，児童生徒等の安全を最優先しつつ，教職員の安全も確保する」（76頁）との記載がなされ，「(2)地震，津波」として「地震に伴い，津波…など二次被害の原因となる状況が発生し得るので，特に留意する」ことが要請されていた（同頁）。さらに同資料の改訂版では，学校行事における安全指導として「避難訓練は，火災，地震，津波…等の災害などの発生を具体的に想定して適切に対処できるようにするための実践的な指導の場である。このような災害時の避難等の指導は，学校や地域の実情に即して予想されるさまざまな事態を想定し，年間を通じて計画的に行うようにしなければならない」（同34頁）とし，災害は「予想されるさまざまな事態を想定」しなければならないこと，災害時の避難等の指導は「年間を通じて計画的に行う」ことが強調されている。また，学校における安全管理のうち「事件・事故災害発生時の安全管理」について，「火災，地震，津波…などが発生した場合には，それぞれの災害の特質に応じた安全措置が講じられるよう，関連機関との連絡体制や情報収集体制を含めて，防災のための組織を確立する。安全措置では，児童生徒等の安全を最優先しつつ，教職員自らの安全も確保する。また，教職員は，避難方法に習熟し，事故災害発生時には，冷静に的確に指示を行う。なお，災害発生に備えるためには，防災体制の役割分担…避難方法や避難場所…など，体制の整備及び対処法について教職員の共通理解を得ておく必要がある」（同76頁）とし，「情報収集体制を含めた防災組織を確立」すること，「教職員が避難方法に習熟」していなければならないこと，「避難方法や避難場所など教職員の共通理解を得ておく」ことが必要と記載されていた。

イ　消防庁の策定した指針

　控訴審判決は，消防庁が2002(平成14)年3月に策定した「津波対策推進マニュアル検討報告書」が「海岸線等（津波の遡上が予想される河川等を含む）を有する全ての市町村に，「市町村における津波避難計画策定指針」，「地

域ごとの津波避難計画策定マニュアル」を策定する必要がある旨を指摘していたことを上げて，本件想定地震による津波の予見可能性の根拠としている。

ウ　宮城県の対策等

また，控訴審判決は，宮城県が作成した次のとおりの要綱，報告やマニュアル等を逐一指摘し，その内容について具体的に触れながら，本件想定地震による津波の予見可能性の根拠としている。

①　2002(平成14)年10月15日施行の「宮城県津波対策連絡協議会設置要綱」にもとづき，石巻市など沿岸23市町の防災担当課長等を構成員とする「宮城県津波対策連絡協議会」を設置し，沿岸市町の「津波対策ガイドライン」を策定し，「津波避難計画の策定と住民参加による地域ごとの津波避難計画策定支援」をすることとされていた。

②　宮城県は，2004(平成16)年3月，「宮城県地震被害想定調査に関する報告書」を策定し，「30年内に宮城県沖地震が発生する確率は99％であり，早急な地震対策を講じる必要があり」，「宮城県津波対策ガイドライン」において「津波浸水予測図」の作成および公表を実施した。

③　2004(平成16)年3月の津波浸水予測シミュレーションでは，津波は大川小より更に上流まで北上川を遡上すること，大川小は付近の津波高は3m以下，旧河北町は5.1m，旧河北町への津波到達時間は地震発生後21分，旧河北町の尾崎地区，長面，谷地中の大部分を浸水させ，大川小から北北東に約700mの地点まで到達することが示されていた。

④　「宮城県防災会議」が，2004(平成16)年6月，「宮城県地域防災計画（震災対策編）」を策定し，津波避難計画の策定の支援のため，津波浸水予測図等を基にした沿岸市町村の避難計画の策定を行うことが定められた。

⑤　宮城県教育委員会（以下「県教委」とする）は，2006(平成18)年3月「宮城県教育委員会災害対策マニュアル」を策定し，その中に「震災応急対策マニュアル」を掲示し，同マニュアルでは「津波警報の発令時（見込みを含む）は更に高台等に二次避難する」ことが示されていた。

⑥　県教委は，2009(平成21)年2月「みやぎ防災教育基本指針」を策定し，その中で，各学校においては安全法29条及び30条にもとづき，これ

らのマニュアルを作成整備することに言及し，「宮城県教育委員会災害対策マニュアル」を引用していた。

　⑦　県教委は，2009(平成21)年 5 月から県内各地で「防災教育指導者養成研修会」を開催し，気象台の地震情報官から「津波が川を遡上すること」や「津波から身を守るには避難以外に方法はないこと」，「強い揺れ」や「ゆっくりとした長い揺れを感じたら，すぐに高台に避難すべきこと」が説明されていた。

エ　石巻市の対策等

　さらに，控訴審判決は，宮城県の場合と同様に，石巻市が作成した次の要綱，計画，報告，マニュアルや方針等を内容を逐一かつ具体的に指摘し，本件想定地震による津波の予見可能性の根拠としている。

　①　市教委と校長会は「学校における災害対策方針」を作成し，学校長は総合的な災害対策体制の整備をはかるため「災害対策要綱の制定」や「校内災害対策配備体制」を定める基準を示した

　②　市教委は，2008(平成20)年 3 月 27 日「石巻市教育ビジョン」を策定し「石巻市地域防災計画との整合性を図り全ての学校において地域の実情に即した災害対応マニュアルの策定や見直しを行う」ことを宣言した

　③　石巻市は，2008(平成20)年 6 月「石巻市地域防災計画（新防災計画）」を策定し，市内の各学校に配布した。

　この計画には「児童の避難訓練，事前，事後の措置等の周知徹底」を求め，津波避難対象地域として「福地字大正」「針岡字昭和」「針岡字山下」などが指定されたが，大川小が立地する「釜谷字山根」は対象地区に指定されていなかった。しかし，控訴審判決は，この事実をもって校長等の予見可能性を否定する事情として考慮することは相当ではないとした。この点は予見可能性の認定，判断において重要と考えられるので，控訴審判決の述べる理由を次に少し詳しく紹介しておく。

　控訴審判決は，「旧河北町に属する区域のうち『福地字大正（ふくちあざたいしょう）』『針岡字昭和（はりおかあざしょうわ）』『針岡字山下（はりおかあざやました）』『釜谷字新町裏（かまやあざしんまちうら）』『釜谷字谷地中（かまやあざやちなか）』『釜谷字川前（かまやあざかわまえ）』『長面字鳥屋場（ながつらあざとやば）』『長面字須賀（ながつらあざすが）』の各区域が新防災計画に含まれている」が，これらの「区域のうち，『釜谷字新町裏』『釜谷字谷地中』『釜谷字川前』

『長面字鳥屋場』『長面字須賀』の各区域は，平成16年報告及び平成23年報告において行われた津波浸水域予測（本件津波浸水域予測）において，内陸部から遡上する津波によって浸水するとされた地域を含む区域であるが」，新防災計画では「『福地字大正』『針岡字昭和』『針岡字山下』の各区域は，内陸部から遡上する津波は到達しないとされ，しかも，北上川を遡上する津波は河道を遡上するものの，その津波の水位は河川堤防より低く，堤防から越流する可能性は低いことが確認できるとされた区域である」が，石巻市が同防災計画において「本件避難対象地区を指定するに際し，宮城県沖地震（連動）の地震動により北上川の右岸堤防が天端沈下等の損壊を起こし，そこから堤内地に北上川の河川水が流入して周辺地域を浸水させる危険があることを示唆する知見を現に活用していたと推認される」と判示した。

　このことから，「そうであれば，同じく北上川の右岸堤防沿いに位置し，『釜谷字新町裏』に隣接し，『釜谷字新町裏』の標高とほぼ変わらない標高であった『釜谷字韮島』及び大川小敷地の所在する『釜谷字山根』を本件避難対象地区から除外する合理的理由はなかった」と判断した。

　そして「宮城県沖地震（連動）の地震動により北上川の右岸堤防が天端沈下等の損壊を起こし，そこから堤内地に北上川の河川水が流入して周辺地域を浸水させる危険があることを示唆する上記知見に照らせば，河道を遡上してきた本件想定地震により発生する津波が損壊した北上川の右岸堤防から堤内地に流入して浸水する危険があったことは，『福地字大正』『針岡字昭和』『針岡字山下』『釜谷字新町裏』の各区域と『釜谷字山根』とで何ら変わるところがなかったといえる（『釜谷字新町裏』と『釜谷字山根』との間には，浸水を防ぐような施設や工作物等は見当たらないから，『釜谷字新町裏』が浸水すれば，流水が同所に留まったままで，『釜谷字山根』まで到達しなとする合理的根拠はない。）から，『福地字大正』『針岡字昭和』『針岡字山下』『釜谷字新町裏』の各区域が本件避難対象地区に指定され，『釜谷字山根』が本件避難対象地区に指定されなかったことについては合理的説明ができない」と断じた。

　控訴審判決は，この判断をもとに「『釜谷字新町裏』に隣接し，『釜谷字

新町裏』の標高とほぼ変わらない標高であった『釜谷字韮島』及び大川小敷地の所在する『釜谷字山根』を本件避難対象地区から除外し」, 大川小の所在区域を本件避難対象地区に指定しなかったことは, 石巻市自身の過誤によるものであるから, 新防災計画において大川小が避難対象地区に含まれていない事実をもって, 校長等の予見可能性を否定する事情として考慮することは相当ではないとした.

④　市教委は,「平成20年度7月定例校長会」を開催し, 同年6月に策定された「新防災計画」を引用して学校における災害対応を説明した

⑤　市教委は, 2008(平成20)年12月25日「石巻市教育ビジョン前期実施計画」を策定し,「各学校の災害対応マニュアルの策定（改訂）見直し」を実施するものとした

⑥　市教委は「平成21年度学校教育の方針と重点」を発行し,「学校の危機管理体制の整備」が主たる事業の1つとされ, 危機管理マニュアルの作成・点検・修正と職員の共通理解, 訓練の実施, 連絡体制の構築を求めた

⑦　市教委主催の「平成21年度4月定例教頭会議」で, 学校教育課の担当者は, 出席した各教頭に対し, マニュアルの確認・点検整備, 周知・訓練等を促した

⑧　市教委主催の「平成21年度6月定例教頭会議」で, 出席した各教頭に対し, 危機管理体制について改めて教職員に周知し災害発生の初期対応, 組織対応についての確認を促した

⑨　市教委主催の「平成21年度第1回石巻市学校安全連絡会議」では43校中41校のマニュアルを分析検討し, その結果が「児童の安全を確保するために～防災教育への提言～」の策定に至った

⑩　市教委は「平成21年度第2回石巻市学校安全連絡会議」を開催した

⑪　市教委は「平成21年度9月定例教頭会議」を開催した

⑫　市教委は「学校における災害対応の基本方針」の策定がなされた

⑬　市教委は「平成21年度第3回石巻市学校安全連絡会議」が開催された

⑭ 2010(平成22)年1月28日，市教委は「平成21年度石巻市学校安全対策研修会」を開催し，山梨県のマニュアル等を参考に，「津波」の文字がないマニュアルのひな形をまとめたものを参考資料として配付した[*55]

⑮ 市教委は，2010(平成22)年2月8日，「学校における災害対策体制の整備について」と題する依頼文書を発出し，「総合的な災害対策を早期に整備するよう促したが依然として整備は進んでいない。『学校における災害対策の基本方針』を策定したので，学校における災害対策やその体制について早急に整備し，次年度の学校計画に位置づけるなどにより，災害に対する万全の備えをするようお願いする」とし，遅くとも2010(平成22)年4月30日までに危機管理マニュアル等の作成を求めていた

⑯ 市教委は「平成22年度学校教育の方針と重点」を発行した

⑰ 市教委は，2010(平成22)年4月に「平成22年度4月定例校長・園長会議」を開催し，2010(平成22)年2月8日「学校における災害対策体制の整備について」と題する依頼文書の内容に沿って，校長が各学校でリーダーシップをとって危機管理マニュアルを作成するよう指示した

⑱ 市教委は，2010(平成22)年4月の「平成22年度4月定例教頭会議」で，教頭らに対し，2010(平成22)年2月8日付の「学校における災害対策体制の整備について」と題する依頼文書の内容に沿って，校長が各学校でリーダーシップをとって危機管理マニュアルを作成するよう指示した

⑲ 市教委は，2010(平成22)年7月6日に「平成22年度7月定例校長会議」を開催したが，この会議では地震や津波が発生した場合の避難場所の話題が提供された

⑳ 2010(平成22)年8月4日，市教委は「平成22年度石巻市立小・中学校教頭・中堅教員研修会」を開催し，石巻市の危機管理監から，地震津波等の災害発生の対応や避難のあり方，強い揺れやゆっくりとした長い揺れを感じたら高台に避難すべきこと，保護者への児童引渡方法を徹底しておくこと，注37で紹介した「プロアクティブの原則」（ⓐ疑わしいときは行動せよ，ⓑ最悪の事態を想定して行動せよ，ⓒ空振りは許されるが見逃しは許されな

[*55] この経緯については，控訴審における市教委の教育総務課課長補佐の証人尋問により明かとなった（前掲注51参照）。

い）との紹介がされた

㉑　市教委は，2010（平成 22）年 8 月 10 日「平成 22 年度 8 月定例校長会議」を開催し，綿引教育長から「学校災害対策要綱」が各学校において実際に策定されているかを再確認することを要請した

㉒　石巻市立小・中学校校長会により「平成 22 年度 8 月定例校長会」が開催された。

㉓　2010（平成 22）年 8 月 25 日，大川小の第 6 回職員会議において，校長が「地震，台風等」への対応を求め，危機管理マニュアルを再度確認するよう指示した

㉔　市教委は，2010（平成 22）年 9 月 2 日「平成 22 年度 9 月定例教頭会議」で，学校教育課長から「災害時に学校は組織として対応する必要があり，組織の要は教頭である」と強調した

㉕　市教委は，2010（平成 22）年 11 月 17 日「平成 22 年度 11 月定例教頭会議」で，学校教育課長から危機管理に際し，教頭は災害発生時にスポークスマンとしての役割が求められると強調し，教育指導主事からは土砂災害警戒メール配信システムの紹介がなされた

㉖　市教委は，2011（平成 23）年 1 月 20 日「平成 22 年度石巻市学校安全対策研修会」を開催し，石巻市の危機管理監から「石巻市地域防災計画の中で津波避難場所に指定されていた渡波中学校が，当時作成中だった津波避難計画の中では避難所に指定されていなかったことが説明され，石巻市地域防災計画における津波避難所の指定が必ずしも適切な内容になっていないことが明らかになった」との報告がなされた

㉗　市教委は，「避難所開設に伴う連絡調整会議」を 2011（平成 23）年 2 月 15 日，17 日，21 日の 3 日間開催し，地震・津波の際の避難場所を開設した場合の連絡体制や避難所の運営について協議した

（2）　「本件想定地震」で発生する津波が大川小に到来することについての校長らの予見可能性

津波被害は予見できなかったのか

上記(1)のとおりの事実および事情を認定した上で控訴審判決は，同

判決が予見の対象とした，国ないし宮城県が2004(平成16)年当時から想定していた「本件想定地震」により発生する津波によって大川小の児童の生命，身体に危険が及ぶことを校長等が予見し得たか否かについて，次の事実関係を認定し（以下の認定事実の摘示においては，逐一，判決理由を引用すると長大なものとなるので，紙幅の都合もあって要約した），これを肯定した。

　ア　石巻市と宮城県は，「平成16年報告」と「宮城県防災会議」が2011(平成23)年にまとめた「平成23年報告」とはほぼ同じ内容であり，これらの報告が予見可能性の判断の前提となるべき「科学的知見」のうち最も有力なものであり，これに照らせば，大川小が津波被災する危険性はなく，校長らは津波被害を予見できなかったと主張していた。

　しかし，控訴審判決は，国土庁・消防庁など７省庁が，都道府県等が津波浸水予測図を作成する際の方法を示すために「地域防災計画における津波対策強化の手引き・別冊」として1993(平成9)年３月にまとめた「津波災害予測マニュアル」では，計算結果に誤差が生じること，河川を遡 ^{そじょう} 上する津波は波状段波となることが多く，砕波・再生・発達の過程を表す方程式は存在せず，宮城県の「平成16年報告」および「平成23年報告」で行われた津波浸水予測についても相当の誤差があることを前提に利用しなければならず，同調査結果は概略の想定結果として捉え，より詳細な検討が必要であること，地元住民とともに詳細なハザードマップを作成する必要があると指摘されていたのだから，大川小の実際の立地条件に照らしたより詳細な検討が必要であり，本件想定地震による津波の浸水域予測を大川小の実際に照らして検討した場合，大川小が本件想定地震により発生する津波の被害を受ける危険性があったというべきであり，校長等はそれを予見することが十分に可能であったとして，石巻市と宮城県の前記の主張を排斥し，校長等の本件想定地震の予見可能性を肯定した。

　イ　そして，控訴審判決は，その理由として，次の①から⑤の事実を認定し[*56]，⑥および⑦のとおりの判断を示している。

　すなわち，

＊56　本文で述べた①から④の事実の認定は，中村技術士の意見書（前掲注50）の内容が反映されたものである。

①　大川小は，北上川の堤防から200m離れており，標高は1ないし1.5m，追波湾からの距離は3.7kmであり，北上川の河川勾配は，1万7000分の1程度と非常に緩やかで，川幅は新北上大橋の付近で300m，谷地中付近で700mあった

②　北上川は，干潮時と大潮時には2m近い水位変動があり，満潮時には水位が大川小の敷地高とほぼ高さが同じになるときもあり，また，大川小と北上川を隔てるものは北上川の右岸堤防のみであるから，堤防が破壊されれば大川小の敷地に浸水を余儀なくされるものであった

③　2009(平成21)年当時，地震の揺れで河川堤防が損壊し，津波の遡上によって浸水が発生した過去の実例が複数の文献で紹介されていることや，液状化による堤体変形（天端沈下，天端の縦断亀裂，法面の滑り崩壊，法面の縦断亀裂）が起きた実例があり，北上川の堤防改修前の地盤はN値10以下の地層であって地下水位が上昇しやすく，堤内地側に止水矢板が施工されておらず，液状化が起きやすい条件が揃っていた

④　大川小に近い堤防は，実際に1978(昭和53)年の宮城県沖地震（震度5）で堤防天端が80cm沈下し，亀裂・段差・噴砂が生じており，この付近の堤防は液状化が起きやすい場所であったから，本件想定地震の想定震度は6強だったことを前提にすると，堤防に重大な損壊が生じ得ることを予見させる重要な事実であったが，他方，本件想定地震による津波浸水域予測では堤防への影響が捨象されていた

⑤　本件想定地震による津波浸水域予測では，長面等の地域の大部分を浸水させ，大川小から700mまで達することが想定されていたから，北上川の右岸堤防は河道を遡上する津波ばかりでなく，堤防は津波の水理力や衝突力，漂流物の衝突力を受けるから，これらに堪え得るかどうかは，大川小に津波被災の危険があるかを判断するうえで重要な条件であったのに，この点が検討されていなかった

⑥　本件想定地震による津波浸水域予測では，大川小が津波浸水域に含まれていなかったとしても，大川小に津波被害の危険性があることを予見することは十分に可能であったし，この事実認定は遺族ら1審原告が1審及び控訴審でも主張しており，不意打ちにも当たらない

⑦　本件想定地震による津波浸水域予測を概略での想定結果と捉えたうえで，大川小の実際の立地条件に照らしてより詳細な検討を行えば，大川小が本件想定地震によって発生する津波の被害を受ける危険性があり，校長らは，それを予見することは十分可能だった

(3)　ハザードマップについて

　石巻市と宮城県は，宮城県の調査結果にもとづき石巻市が作成した「防災ハザードマップ」の記載を前提に，大川小への津波の来襲に対する校長等の予見可能性を否定しているが，この点についても，控訴審判決は，①「平成16年報告」は，あくまで概略の想定結果にすぎないこと，②堤防が破壊し浸水するなどの重要な知見を捨象してなされた想定にすぎず，予想浸水域外に津波の危険はないことを意味しないこと，③ハザードマップ上で大川小が津波避難場所として指定されたことは誤りであること，④大川小が避難場所に指定されていた事実を予見可能性を否定する事情として考慮することは不相当であって，教員は，独自の立場からこれを批判的に検討し，その信頼性について検討する事が要請されていたことを認定して，石巻市と宮城県の主張を排斥している。

(4)　地域住民の津波に対する認識について

津波に対する認識　また，石巻市と宮城県は，大川小の近隣住民も津波来襲の危険の予見はしていなかったことを根拠にして，大川小の教員らの予見可能性を否定している点についても，次の①から④のとおり判示してこれを排斥し，校長等は，2010(平成22)年4月末日時点で，十分予見可能であったと認定・判断を下している。

①　安全法26条から29条が校長等に明文で規定した作為義務は，前記の判決理由記載のとおり，公教育制度を円滑に運営するための根源的義務であるから，校長らは，本件安全確保義務を遺漏なく履行するために必要とされる知識および経験は，地域住民が有していた平均的な知識および経験よりも遥かに高いレベルのものでなければならない。

控訴審判決のここに注目

控訴審判決が，校長等には児童や生徒の安全確保に必要な科学的知見の収集，分析について，一般の市民や住民より遥かに高い義務を認めた点は注目すべき点であると同時に，このような判断は現場の教員がおかれている現実等からみて，きびし過ぎるし現実的ではないとの批判も少なくない。しかしながら，控訴審はこのようなハイレベルの知識，経験を個々の教員にだけ求めてはおらず，③校長や教頭らの教員と市教委の情報共有等も法的義務であると判示し，組織としての対応義務を前提にかかる判断をしているのであり，この点はとても重要であるし，重く受けとめる必要がある。つまり，教員ら個々人がこのような知識，経験を取得して，研鑽し事に当たれと言っているのではなく，石巻市なり市教委が組織として各教員がこのような知識や経験を習得できるような対応をとるべきことも求めているといえる。

②　ハザードマップが示す予想浸水区図を，その予想区域外に津波が来襲する危険がないものと理解することは大きな誤解であった。

③　2010(平成22)年度の大川小の「教育計画」に「津波」に係る記載を3ヶ所追加していたことについて，校長は「津波が来ると思わなかったから言葉を入れる位は大丈夫と思った」と供述するが，この供述は不合理であって採用できないし，校長が，2011(平成23)年2月に河北支所職員と交わした発言や，校長は教頭および教務主任と，津波が来たとき第三次避難場所はどうするか話し合っていたことから，北上川の右岸堤防が津波に堪えられるか危惧を抱いていたと推認できる。

④　本件地震の2日前（同年3月9日）に起きた震度5弱の地震の際，教務主任を北上川まで行かせ，校長は「5mの津波がきたら大川小は持たない。裏山に逃げるしかない」と発言しており，具体的危惧を抱いていた。

5　本件安全確保義務の内容とその懈怠

（1）　校長等の本件安全確保義務の内容

校長等の安全確保義務とは

前記の4で述べたとおり，校長等には「本件想定地震」によって引き起こされる津

波が大川小に襲来し，児童らの生命，身体の安全に具体的に危険が及ぶことが予見可能であったと認定したことを踏まえ，控訴審判決は，本件事故に関し，校長，教頭及び教務主任が大川小の児童ないし保護者に対して負っていた，本件安全確保義務の具体的内容について次のとおり判示した。

ア　校長，教頭及び教務主任の本件安全確保義務

危機管理マニュアルの不備　　石巻市内の学校では，安全法29条の施行前から来たるべき宮城県沖地震への備えを進めており，同法の施行当時，早急に地震対策を講じる必要があったことは共通の認識となっていたし，安全法の改正後は急ピッチで取組みが進められ，2010(平成22)年度の各学校の「教育計画」に位置づけることになっていた。

この経緯に照らせば，2010(平成22)年4月30日時点までに，危機管理マニュアルの不備の改訂作業を終えることが義務づけられたというべきであり，校長，教頭，教務主任を拘束する規範性を帯びることになったもので，大川小の危機管理マニュアルには，少なくとも，第三次避難場所とその避難経路，避難方法を予め定めておくことは安全法29条にもとづく校長，教頭，教務主任の規範的義務であった。

大川小の立地条件等を総合すると，大川小が本件想定地震により発生する津波の被害を受ける危険性はあったと言え，この事情は，大川小の危機管理マニュアルの作成・改訂に当たって考慮すべき，最も重要な大川小の「実情」であったと判示した。

イ　市教委の本件安全確保義務

市教委の安全確保義務とは　　同様に市教委の本件安全確保義務についても，控訴審判決は，市教委には，安全法29条にもとづき，大川小に対し，大川小の実情に応じた危機管理マニュアルを作成すべきことを指導し，確認し，是正を指示・指導すべき義務があったと判示した。

また，市教委は大川小の2010(平成22)年度の「教育計画」が市教委に提出された同年5月1日以降，上記の指導等をなすべき義務を負ったのだか

ら，津波警報の発令があった場合，第三次避難場所と避難経路，避難方法を定めたものに改訂すべきだったとした。

　控訴審判決は，校長等には，以上で述べてきたとおりの平時における（事前の）大川小の児童の生命・身体の安全を保護すべき「本件安全確保義務」が課されていたことを前提にして，校長等がこの義務を懈怠していたか否かの判断（国賠法上の「違法」の判断）を行っている。

（2）　校長等の安全確保義務の懈怠

　校長等の安全確保義務の懈怠　　　ア　控訴審判決は，校長等には次のとおり本件安全確保義務の違反が認められるとの認定・判断をした。

　①　大川小の敷地とほぼ同じ標高の駐車場や児童公園は，第三次避難場所として不適である一方，定例校長会・教頭会等で，繰り返し，マニュアルの確認・改訂が強調されていたのだから，第三次避難場所等を定めるなどの改訂の機会は十分にあった。

　②　市教委も，大川小の 2010（平成 22）年度の「教育計画」が市教委に提出された同年 5 月 1 日以降，同マニュアルの不備を知る機会があったのに同不備の是正を指導しなかった懈怠がある。

　③　大川小の児童 108 名中，約半数の児童の通学区域が，津波ハザードマップで浸水予想区域になっていることは重要な大川小の「実情」であり，児童の引渡し方策の事前協議と周知は喫緊の課題だったのに校長らは協議せず，避難訓練もせず，市教委も同是正を指導しなかった。この事実は安全法 27 条の安全計画策定義務の履行を懈怠したことになる[*57]。

　④　学校が保護者と児童の引渡しについて協議し，周知しないと，速やかな第三次避難に支障をきたすおそれがあるが，大川小では「学校災害対策要綱」を作成しておらず，危機管理マニュアルではその代替は出来ないから，同要綱の不作成は大川小の事前防災対策の不備を一層明らかにする

---

*57　この義務の懈怠によって大川小の児童のみならず，学校に駆けつけた保護者やスクールバスで帰りを待つ保護者にも本件津波の犠牲者を出したことは，注 12 で述べたとおりである。

事情であり，市教委はこれについての不備も指摘しなかった点も義務懈怠
である。

　イ　さらに控訴審判決は，石巻市と宮城県は「津波が大川小に到達する
ことの予見はできなかった」と主張していた点についても，上記のとお
り，校長らが，本件想定地震により発生する津波被害の危険を予見するこ
とは十分に可能だったとした上で，避難場所として大川小の校庭や校舎の
2階は適当ではなく，裏山以外，他に適当な場所はないが，裏山は，急傾
斜地崩壊危険区域に指定され，土石流危険区域に指定されており，地震動
によって崩壊の危険があり，第三次避難場所として不適当であるとし
た*58。

第三次避難場所は「バットの森」

　また，「三角地帯」は人が滞留できる
場所としては広くはないし，交差点
を通過する車両との接触の危険もあるから100人程度の避難者の避難場所
として適当ではなく，校長が「バットの森」を避難場所にすると決めて申
し出れば，市教委には風雨を凌ぐプレハブ小屋や夜間照明，避難場所の表
示等を措置する義務があり，その時間は十分あったのだから，最も有力な
第三次避難場所は，大川小から約700m，徒歩で20分の「バットの森」
であるとの認定を行った。

　ウ　また，石巻市と宮城県が「防災の素人に危機管理マニュアルの改訂
は不可能」と主張する点についても，控訴審判決は，文科省は平成7年か
ら危機管理マニュアルの重要性を指摘し，防災に関する科学的知見は既に
周知されていたし，校長は，地震を想定した訓練の際，地域住民が津波は
来ないとの認識は根拠を欠くものであることを伝えて説得し，その認識を
改めさせて第三次避難場所等について調整を行うことは十分に可能だった

---

*58　この認定は，控訴審判決が結果回避義務の発生時を2度目の大津波警報が防災行政無線
　　で流された15時10分頃としたことを踏まえて考える必要がある。なぜなら，この時点で避
　　難を開始すれば大川小の裏山に上らなくても，より安全な避難場所である控訴審判決が指摘
　　する「バットの森」まで安全に移動できたと言えるし，スクールバス等で「釜谷トンネル」
　　付近まで優に到達できる状況があったと言えるから，この時点における避難場所としてみた
　　場合は，比較の問題としても「裏山」でなければならないということにはならないからであ
　　る。

としてこれを否定している。

　さらに，石巻市と宮城県が「市教委は地域の実情を把握していなかった」と主張する点についても，控訴審判決は，市教委は毎年，学校から「教育計画」の届出を受けており，安全法の規定する大川小の「実情」について十分な情報を収集・蓄積し得る立場にあったし，指導主事の学校訪問の際，収集・蓄積した大川小の「実情」を確認し，マニュアルの不備を是正・指導する機会があったと判示した。

　加えて，そもそも市教委は 2008(平成 20)年度から災害対応マニュアルの策定や見直しを求め，依頼文書を発し，石巻市の危機管理監に高台避難を説明させていたのだから，マニュアル中の第三次避難場所を点検していれば，その不備は指摘することができたとして，石巻市と宮城県の主張を排斥している。

6　本件安全確保義務の懈怠と児童の死亡等との因果関係について

（1）　本件地震の発生当日の経緯

　控訴審判決は，校長等の本件安全確保義務の違反と大川小の児童の死亡および行方不明との間の因果関係については，まず，本件地震発生後の事実経緯について，次の点についてかなり詳細な事実経緯を認定して，因果関係が肯定される前提事情としている。

① 　14 時 46 分に本件地震が発生し，14 時 52 分には防災行政無線で前述のとおりの内容の放送がされ，校庭の児童と教員に伝わった

② 　スクールバスが発車できるように待機していた

③ 　15 時 10 分頃にも防災行政無線で①と同様の内容の放送で高台避難を呼びかけた

③ 　NHK は T－R スルー放送を開始した

④ 　気象庁は 15 時 14 分，予想津波高を 10m 以上に変更した

⑤ 　教員は第 2 次避難後，第 3 次避難を協議していた

⑥ 　児童らは 15 時 35 分頃，校庭から三角地帯の方向に徒歩で移動を開始した。

（2）　因果関係

　控訴審判決は，上記(1)の事実経過の認定を前提にして，次のとおり判示して本件安全確保義務の違反と児童の死亡等との間の因果関係の存在を認定した。

　①　大川小の教頭と教務主任は，14時52分に防災行政無線が放送された直後から児童を校庭から第3次避難場所に避難させる必要性を認識し，どこが適当かを探していたものと推認される。

　②　教頭と教務主任は，地震発生前から日常の大川小勤務を通じ，北上川を遡上する津波によって大川小が被災する可能性について具体的な危機感を抱いていたものと推認され，その危機感が現実のものになった14時52分の直後から第3次避難の検討に入っていたと認めるのが相当である。そうでなければ教務主任が早い段階で裏山への避難を提案するはずはなく，教頭も区長から大丈夫といわれているのに三角地帯まで移動させるはずもない。

　③　避難開始まで45分かかったのは，校長が不在であり，裏山は危険との意見もあり，校庭での保護者への対応，情報収集等で教員がまとまって第3次避難場所を協議する時間がなかったと認められる。

　④　教頭が14時52分の防災行政無線の広報を認識した直後に，予め「バットの森」を第3次避難場所と決めていれば津波で被災した児童の死亡を回避できたと認められる。

　⑤　以上から，校長等が安全確保義務を履行していれば因果関係を認められ，校長らは安全確保義務を過失によって懈怠したものであり，国賠法1条1項にいう違法の評価を免れない。

7　控訴審における国賠責任の肯定

　以上のとおりの事実認定および法的判断を踏まえて，冒頭で述べたとおり，仙台高裁は2018(平成30)年4月26日，大川小の校長，教頭，教務主任および市教委の「組織的過失」を認め，石巻市に対し国賠法1条1項に基づき，宮城県に対しては同法3条1項にもとづき，それぞれ犠牲になった児童およびその遺族である原告らが被った損害の賠償を命じる判決を言

い渡した。

Ⅵ　上告審について

1　上告審の経緯と問題点

　石巻市と宮城県は，本件訴訟の控訴審判決の認定，判断を不服として上告および上告受理申立てを行った。しかし石巻市と宮城県は，それぞれ賠償責任を果たした場合には求償関係にある当事者であり（国賠法3条2項），一方が賠償義務を果たした場合における他方の求償義務の有無および範囲を巡っては，本来，利益相反関係にある当事者と言える[59]。ところが県と市にそれぞれ個別に上告理由書および上告受理申立理由書を提出することはせず，両者の連名の上告理由書および上告受理申立て理由書を提出した。

2　上告および上告受理申立て理由

　石巻市と宮城県の連名で提出された理由書で述べられていた上告の理由は，①控訴審判決には，理由の不備と理由齟齬があることをもって上告理由とし，②控訴審判決が，ⓐ本件安全確保義務という特別な義務を認めたのは法令違反であること，ⓑ事実認定には経験則，採証法則違反があること，ⓒバットの森への避難をすべきという結果回避義務違反の事実認定には経験則，採証法則違反があること，そして，ⓓ校長の過失の前提とした事実に関する弁論主義違反，釈明権不行使・審理不尽の違法があり，これらは重要な事項について，次の法令違反・判例違反があり，控訴審判決の結論に影響を及ぼすことをもって，上告受理申立ての理由としている。

　これに対し，1審原告側からは答弁書を提出し，詳細な反論を加えた。

---

*59　実際に，被害者に対し市と県が国賠法にもとづき連帯して損害賠償を命じられた事件において，後日，求償をめぐって市と県の間で訴訟になった事案（最判平成20年10月23日民集63巻8号1849頁）がある。

　その後，最高裁（第一小法廷）は5名の裁判官全員一致の意見をもって，2019（令和元）年10月10日付で上告を棄却し，上告を受理しない決定を行った。

　これにより自然災害による学校事故において「組織的過失(そしきてきかしつ)」にもとづく国賠責任を肯定した仙台高裁の控訴審の判決が最高裁により支持されて確定した。

Ⅶ　控訴審判決の意義

1　国賠訴訟における責任の判断枠組み

(1)　国賠責任が認められる要件

本丸は国賠訴訟　本件訴訟は，既に述べたとおり，提訴の段階では在学契約の債務不履行（民法416条）にもとづく損害賠償も合わせて請求し，1審の結審までに民法の不法行為（民法709条，715条）にもとづく損害賠償請求を追加したが，本丸は国賠法にもとづく損害賠償請求であった。1審も控訴審も，石巻市と宮城県の国賠責任を認め，原告らの損害賠償請求を認容したので，その他の請求についてはいずれも判断していない。

国賠責任が認められるには　本件訴訟で地方公共団体である石巻市や宮城県の国賠責任が認められるためには，国賠法が規定する要件，すなわち，①大川小の管理・運営を行う市教委，校長，教頭および教務主任（控訴審判決ではこれらの者をまとめて「校長等」と表記されている）等の教職員（公務員）が，②その職務を行うにつき，③故意又は過失によって，④違法に，⑤他人に損害を加えたこと，そして，⑥違法な職務行為と損害の発生との間に法律上相当と認められる因果関係（相当因果関係）があることを原告ら遺族側が主張し，立証する必要がある（国賠法1条1項）。なお，既に述べたとおり，宮城県については，大川小の校長等の給与負担者であるので，国賠法3条1項の「俸給，給与その他の費用」を負担する者に該当し，石巻市の責任が肯定されればこの規定に基

づき責任が肯定される。

　本事件は学校管理下で大川小の児童が津波の犠牲になった事案であるか
ら，上記①の公務員による行為，②の職務行為性および⑤の損害発生の要
件の該当性は明白な事案であったから*60，1審および控訴審では③の故
意・過失，④の職務行為の違法性および⑥の相当因果関係が実質的な争点
であった。

何が求められていたのか　国賠法が規定する責任要件である「過失」
（上記③の要件）は，被害者に損害が発生する
ことの予見が可能であり（予見可能性），その発生の防止が可能であったに
もかかわらず（結果回避可能性），それらの措置等をとらなかったことを意
味する。

　これに対し，④の「違法性」は，結果発生を回避する措置（大川小では児
童を高台に避難させること）をとることが，個々の児童（や保護者）との関係
で校長等の法律上の義務（結果回避義務）と評価しうるにもかかわらず，そ
の義務に違反して取るべき措置に出なかったことを意味し，国賠法上の責
任要件たる「違法性」と，不法行為責任における要件である「違法性」は
概念が異なっている*61。

　国賠法の「違法性」は，そもそも国や地方公共団体の公務員の権限行使
（職務行使）は「法律による行政の原則」があることから，それが国民の権
利・利益の侵害という結果を生じさせても，それだけで損害賠償責任の理
由となるものではないことから必要とされる要件である。例えば，課税処
分として預金を差し押さえしたとしても，差し押さえ自体は国民の財産権
を侵害する行為であるが，それだけで預金の差し押さえが違法となるわけ
ではない。このような職務行為がその職務行為の根拠とする法秩序からみ
て許されないこと（＝違法と評価されること）が国賠責任の要件である。

---

*60　厳密には，公立校における教育活動が「公権力」の行使といえるか否かについては議論
　があるが，判例は公教育の場合であっても国賠法の適用を肯定している（最判平成2年3月
　23日判例時報1345号73頁など）。
*61　国賠法上の違法性と過失と民法における違法性と過失の捉え方の内容の相違について
　は，宇賀克也・小幡純子編『条解国家賠償法』（弘文堂，2019年）127頁以下（武田真一郎
　執筆部分）参照。

　これに対し，不法行為の場合には民法709条の条文上も「他人の権利又は法律上保護される利益」の侵害をもって不法行為責任の要件としているように，権利侵害や法律上他人が侵害してはならないとされている利益を損なうことは，市民法の秩序の上で「違法」と評価され，賠償責任の理由となると捉えられている。

　以上のような意味で，国賠法の賠償責任の判断において，公務員が適切な職務行為（職務権限行使）を行わなかった点を捉えて責任を判断する場合には，当該公務員にその行為に出るべきことが職務上法律的に義務付けられており，それにもかかわらず，これに違反して職務行為に及ばなかったということが必要となっている。

　本件訴訟でも，このような意味での校長等の職務上の法的義務としての「本件安全確保義務」の有無と，校長等がこの義務を懈怠したか否か控訴審で判断されたものである。

（2）　国賠訴訟の判断枠組み

　この場合，訴訟において具体的に誰のどのような過失や違法行為が判断の対象となるのかという責任判断の枠組みについては，国賠法の規定する賠償責任の性質をどう捉えるのかの見解の相違を踏まえて判断枠組みが異なることになると考えられる。

　すなわち，国賠責任の性質については，従来から，国や地方公共団体が公権力の行使や公の営造物の設置・管理の瑕疵について，直接かつ一次的に負う責任であると解する「自己責任説」と，職務行為を行った公務員個人が被害者に対して負う賠償責任を，国や地方公共団体が代わりに負うと考える「代位責任説」の対立があった[62]。

　この考え方の対立は，国賠法の制度趣旨や目的の認識なり理解の相違という，いわば原理的な相違を反映するものではあるが，学説および裁判例

---

[62]　田中二郎『新版行政法上巻全訂第2版』（弘文堂，1974年）206頁，西埜章『国家賠償責任と違法性』（一粒社，1987年）19頁，阿部泰隆『国家補償法』（有斐閣，1988年）83頁，宇賀克也『国家補償法』（有斐閣，1997年）19頁，同『行政法概説Ⅱ行政救済法【第6版】』（有斐閣，2019年）414頁など。

（実務）においては，柔軟な解釈により，いずれの説に立っても実際の責任判断ではそれほど大きな相違はなくなってきているという指摘もされている[63]。しかしながら，代位責任説の方が国賠法の条文の文言や立法趣旨に適合的であるとの考え方が裁判実務では強いことが背景にあると思われ，国賠訴訟の判断枠組みとしては，個々の公務員の過失及び権限行使なり権限不行使の違法を責任判断の対象とする裁判例（裁判実務）の方が多いように思われる。

　また，その場合，当該の個々の公務員の事件，事故発生前からの平時の職務権限行使を判断対象とはせず，これら危険発生の直前における過失なり，職務行為の違法性をもって国賠責任の判断対象とする傾向が強いように思われる。

　このような判断枠組みでは，本件に即してみると，津波が襲来する直前の事情を前提に予見可能性と結果回避可能性を判断することになるので，裁判所はそれ以前の時間的経過の中で生起した様々な事情を1つ1つ認定，判断しなくても判決主文の結論を導き出せる。その意味で事前の安全確保義務や安全配慮義務を前提にした平時の過失を問題にする判断より，簡便に裁判所の判断を示せるという特徴があるためか，このような判断方法が多用される実態がある[64]。

　代位責任説にもとづき判断される場合は理論上当然であるし，国賠訴訟の実態あるいは裁判所の判断の傾向として代位責任説に親和的な判断枠組みが用いられる傾向が高いため，国賠訴訟においては，過失にもとづき違法な職務行為を行った公務員個人に賠償責任があることを前提として，国や地方公共団体の賠償責任の有無が判断されることが多い。そのため，国賠訴訟では，一次的には当該公務員個人の故意・過失や職務行為の違法性の有無が主たる争点として争われることとなる。

　そして，自然災害による被災事案においては，被災に関わる公務員の過失や職務行為の違法性を判断する場合，しばしば被災直前の事情や状況を

---

[63]　例えば，宇賀・前注62，415頁。

[64]　裁判所のこのような姿勢は少々揶揄を込めて「直近過失主義」とか「現場過失一本主義」と言われたりする。

前提にして，具体的な危険の発生（大川小では津波の襲来により児童の生命，身体が損なわれること）が予見可能であり，その危険を回避する措置（本件訴訟では児童の高台への避難誘導等）をとることができたにもかかわらず，結果回避に出なかったか否かという判断（現場過失の判断）によって責任の有無が判断される。裁判実務では，このような枠組みにより判断がなされることがむしろ一般的であるように思える[*65]。

　しかし，このような判断枠組みは，現場における具体的実情を踏まえて予見可能性と結果回避可能性や結果回避義務の法規範性を認定するので，畢竟（ひっきょう）（結果として），現場で被害者の安全を確保すべき立場にある個人の過失なり職務行為の違法性を問題にせざるを得ず，個人の責任判断が中心課題となる。本件訴訟の１審判決は正にこのような判断枠組みを採用し，本件津波が大川小に襲来する直前の事情を前提にして，その場で児童の避難誘導に当たっていた個々の教員の過失と結果回避義務違反（違法性）を認定し，石巻市らの国賠責任を認めたものといえる。

個人の過失から組織としての過失へ

　　反面，国，地方公共団体を問わず，行政庁や行政機関が行った決定や職務遂行に関わる事件や事故では，ある特定の公務員がその意思決定や職務行為を行ったことでそのような事故等が生じた場合もあるが，実質的にはそれに関わる複数の公務員や最終的な決済や決定権限を有する行政機関の長を補助したり諮問する機関が事実上の意思決定を行い，それにもとづいて職務行為がなされている場合が多い。

　このような事案における国賠責任の判断においては，それに関わった公務員個人の過失ではなく組織としての行政主体の国賠責任が肯定された例は少なくはない[*66]。

　しかしながら，既に指摘したように被災現場における公務員個人の過失の有無によって国賠責任が判断されるのが一般的とも言える自然災害の事案において，また強制力等を伴わない職務権限行使の場面である学校の設

---

*65　大川小の１審判決より前に同じ裁判体が言い渡した前掲の山元町自動車教習所の津波被災事件の判決（仙台地判平成27年１月13日判例時報2265号69頁）も同じ判断枠組みを採用している。

置・管理及び運営に関する防災上の職務行為に関し，校長等の「組織的過失」を認めて国賠責任を肯定した例はこれまでなく*67，大川小の国賠訴訟における控訴審判決の判断が，最高裁によっても承認されたことで先例として重要な意味を持つことになった。

2　本件訴訟における裁判所の判断枠組みと法的意義

(1)　1審判決の判断枠組みと法的意義

1審判決が見たもの

既に詳しく見てきたとおり，本件の1審判決は，広報車で学校前を通過しながら避難を呼び

---

*66　集団予防接種につき厚生大臣（当時）の過失を認めた東京高判平成4年12月18日（高民集45巻3号212頁）がその例であるし，在外邦人選挙権制限違憲訴訟において合議体である国会の責任を認めた最大判平成17年9月14日（民集59巻7号2087頁）がある。この他にも複数の公務員による一連の職務上の行為の過程で損害を発生させた場合において，それが具体的にどの公務員のどのような違法行為によるものであるかを特定できなくても，その一連の行為のうちのいずれかに故意又は過失による違法行為があったのでなければその被害が生ずることはなかったであろうと認められ，かつ，どの行為であるにしても被害を専ら国又は当該公共団体が国家賠償法上又は民法上賠償責任を負うべき関係が存在あるときは，加害行為の不特定の故を理由にして損害賠償責任を免れないとした最判昭和57年4月1日（民集36巻4号519頁）も，判断の射程を広く捉えれば同様の判断をしたものと考えられない訳ではない。この点について注62の宇賀『国家補償法』24頁では，行政処分の違法に基づく国家賠償請求がなされている場合であっても，行政庁の個人的過失を問題にするのではなく，組織的決定の実態に即して，組織的過失を判断するのが判例の立場だとしているし，西埜章『国家賠償法コンメンタール（第3版）』勁草書房（2020年6月）605頁では，加害公務員の特定は必要ないという考え方を発展させて，組織過失の理論が説かれるとして，裁判例として集団予防接種訴訟における上記東京高裁判決などを上げている。なお，国家賠償における組織的過失については，このほかに武田真一郎「国家賠償における組織的過失について」愛知大学法経論集第159号45頁，前掲注61の宇賀・小幡『条解国家賠償法』140頁以下など参照。

*67　過去の文献の中には「事故が教師の過失によって生じているとされてきたもののなかに，もはや教師の注意義務の限界を越えているものはなかったか」「そのなかに，実は校長，教育委員会等が教師の教育活動計画等の教育条件の整備とその適切な運営を怠ったために生じた事故がなかったか」との疑問を呈し，「教育活動は教師，校長，教育委員会等が一体となって進めているのであろうから，その責任も分担すべきではなかろうか」「教師ひとりに過失のレッテルをはることは不当である」「偶発・不可抗力によって生じた学校事故については，… 教師等の過失を証明できないために賠償を受けられない場合と同様に，過失主義の法制下では被害者が救済を受ける途がない」との指摘をするものがある（学校事故研究会『学校事故の事例と裁判　学校事故全書②』総合労働研究所（1977年）140頁）。私たち（吉岡・齋藤）は，1審の段階からこれら文献も引用して，組織的過失に関する主張を行っていた。

かけた市職員の証言等を踏まえ，「学校の教員らは，津波到来の 7 分前の 15 時 30 分頃までに，広報車の避難の呼びかけを聞いた時点で学校に津波が来ることを予見し得た」とし，この時点においても「児童を校庭から裏山に避難させるに足りる時間的余裕がなおあった」と認定した。

　そして，生存教員を除く教員らには児童を「三角地帯」ではなく裏山に避難させるべき結果回避義務があり，これを怠ったとして，現場にいた教員らの「過失」を認定し，児童を裏山に避難させなかった行為を「違法」と判断して，石巻市と宮城県の賠償責任を肯定したものであり，この判決は，いわば，当日大川小で児童の避難誘導に当たっていた教員個人の責任を肯定することにより，石巻市や宮城県の国賠責任を肯定した判断ということになる。

　1 審判決の意義については前述したとおりであるが，巨大地震に見舞われた直後であり，大勢の地域住民も避難してきている中で，現場にいた教員らが保護者への児童の引き渡しを並行して行いながら，混乱やパニックにならず冷静で合理的な判断にもとづき，児童を確実に安全な場所に避難させられるか否の判断を行うのは容易ではない*68。また，1 審判決のような判断は，被災現場で児童の安全を守るために奔走していた教員らの個人的な対応に，児童の死亡の責任を全て還元させてしまうような責任判断とも言える。

　代位責任説に立てば当たりまえの判断であり，やむを得ないということになろうが，反面，1 審判決のような判断枠組み（現場過失の判断）自体が，先生も一生懸命努力したのに，現場の教員だけが非難され，その負担を重くするような判決であって酷な判断だとの世間一般の受け取り方の背景なり理由となっている*69。

---

*68　このような大規模災害の直後における当事者の置かれた状況が予見可能性と結果回避可能性の判断に影響を及ぼすことを指摘するものもある（谷本陽一「災害応急対策における避難行動主導者の注意義務──東日本大震災津波訴訟の示唆」『早稲田民法学の現在──浦川道太郎先生・内田勝一先生・鎌田薫先生古希記念論文集』（成文堂，2017 年）451 頁。

（2）　控訴審判決の判断枠組みと法的意義

控訴審判決と平時の組織的過失　これに対し，控訴審判決の内容は既に詳しく見てきたとおりであり，控訴審判決は平時の「組織的過失」の有無を中心的争点とし，責任判断の枠組みについては，①校長等の公務員を学校組織の管理・運営者として捉え，「組織」で括ってその構成員たる公務員の過失を判断する枠組み（組織的過失の判断）を採用し，本件では組織の構成員としての校長等の過失を認めて国賠法上の責任を肯定した。

　それは，校長A，教頭Bという特定したAやB個人の過失や行為の違法性を問題にするのではなく，AやBが所属している組織において，AやBが就いている地位や職務に焦点を当てて，組織の中でそのような地位や職務にある者としてある程度，抽象化した主体の予見可能性や職務行為の違法性を判断の対象としたものである。

　このように，本件地震発生後，大川小の校庭で児童の避難誘導（ひ なんゆうどう）に当たっていた個々の教員の「現場過失」のみを問題にして責任判断を行った1審判決と，個々の公務員に解消できない組織上の地位なり役割というある程度抽象化された者を前提にして，そのような立場にある者の組織の上（あるいは組織の管理・運営上）での過失や権限行使の違法性を判断対象とする控訴審判決では，その判断枠組みには大きな相違がある。

　控訴審判決の判示した「組織的過失」により国賠責任を判断する枠組みは，注63でも指摘したとおり，予防接種訴訟等では認められた例（東京高判平成4年12月18日判例時報1445号3頁）はあるが，自然災害である津波被災事件において組織的過失を認めたのは，初めてである*70。

---

*69　宮城県知事が控訴を決定した理由として「教員を一方的に断罪するのは納得できない」「知りうる情報をもって最大（限）の選択をした。（判決は）教員の責任を重くしてしまっている」とコメントした（朝日新聞2016年11月1日宮城版朝刊）ことに象徴されるが，控訴審判決に対しても教育学の専門家（田端健人宮城教育大学教授）が「教員に科学者の知見を越えた想定を強いるのは無理があると感じる。教育現場にとっては厳しい内容だ」等と同様の意見を述べている（日経新聞2018年4月27日朝刊）。控訴審判決の判断はむしろ逆であって現場の教員に責任を押しつけないために「組織的過失」による石巻市の責任を判断する枠組みを採用し，その責任を認定したものと言うべきである。この点は，控訴審判決についての誤解なり，理解不足が背景になっていると考えられる。

合議体組織自体の過失　また，控訴審判決は，市教委については合議体の機関である教育委員会の組織の特質を踏まえ，教育委員や教育委員会の事務局職員などの具体的な公務員の行為を前提にせず，合議体の組織それ自体の過失を認めている。これは在宅投票投票制度訴訟事件の判例（最判昭和 60 年 11 月 21 日民集 39 巻 7 号 1512 頁）や，前述（注 66）した在外邦人選挙権制限違憲訴訟事件の判例（最〔大〕判平成 17 年 9 月 14 日民集 59 巻 7 号 2087 頁）で採用された考え方と軌を一にするものと評価できる。

本件地震と本件想定地震　さらに，控訴審判決が判示した結果回避の可能性（実際に，本件津波から児童の命を救うことができたのか否か）についても，同判決が本件安全確保義務の前提としての危険の予見の対象を「本件想定地震」による津波としている点が重要である。

　このような予見対象を設定することにより，結果回避義務の発生の前提となる予見の対象を本件地震の発生後に本件津波が実際に来襲するという危険の予見と切り離し，かつ，義務発生の基準時点を平時まで遡らせたことで，結果回避行動をとるべき時点（結果回避義務発生時）を大幅に遡らせ，控訴審判決は 15 時 10 分頃の大津波警報発令時と認定した。

　このような認定の持つ意味は，前述したように，現実に発生した津波が来襲することの予見を結果回避義務の前提とすると，実際に本件地震のような巨大地震や本件津波のような大災害が発生した場合，大きな混乱（パニック）に陥る等により避難が困難となり，結果回避行動が取れなくなることが想定され，その場合には結果回避可能性が否定されてしまうことを回避できることである。

---

*70　七十七銀行の津波被災事件（仙台高判平成 27 年 4 月 22 日判例時報 2258 号 68 頁）でも銀行の安全配慮義務が争点となっており，民間企業である銀行の組織的過失が判断の対象となったとの見方ができる。七十七銀行の事件では，銀行に安全配慮義務違反はないと判断され，遺族の請求は認められなかった。本件訴訟は，公務員の職務権限の行使（不行使）が問題となる国賠法上の責任が争点であるので，その意味で津波訴訟で公務員の組織的過失を判断したのは初めてと言える。

平時の備えのために　分かりやすく言えば，平時から義務を課すことにより，事前の準備が適正になされることにより，いざ災害が発生した時点で混乱することなく，迷わずに事前（平時）に準備しておいた行動を取れるようになり，児童の命が守られることに繋がる判断なのである。

　しばしば控訴審判決の判断内容が誤解されているのではないかと思われることが多いので，繰り返しをおそれず敢えて指摘するが，控訴審判決が予見が可能だったと判示したのは，このような意味を込めて「宮城県防災会議」がまとめた「宮城県地震被害想定調査に関する報告書」（平成16年報告）で指摘された「想定される宮城県沖地震」としたのであって，一般的に「1000年に1度」のきわめて希な災害と受け取られている今回の東日本大震災による本件津波ではない点がとても重要である。この点を誤解している人が非常に多く，そのような誤解が解けないままで控訴審判決の結論を見ると，この判決の重要な意義を見失ってしまうことになる。

3　控訴審判決の学校防災上の意義

(1)　控訴審判決の防災上の意義

学校防災上の意義　国賠訴訟における裁判所の従来の判断枠組みとは異なり，「平時」における組織的な安全確保義務を認め，その懈怠を国賠責任の判断対象とした控訴審判決には，法的判断としてだけでなく，学校防災上も次のとおりの意義が指摘できる。

　すなわち，第1に，前述したように<u>安全確保義務の発生を具体的津波来襲の予見と切り離し，かつ，義務発生の基準時点を「平時」まで遡らせ，結果回避行動をとるべき時点を大津波警報発令時として結果回避可能性を肯定した点</u>である。

　これは大規模災害時の混乱・パニック等による現場での困難な判断によらず，事前の対応を十分に行っておくことにより，災害発生時点にその現場にいる教員の誰もが迅速かつ合理的な避難等を可能とするようにさせる責任判断であり，児童だけでなく教員も救われる判断といえる[71]。

　また，このような責任判断の枠組みは，組織で対応することを求めるも

のであるから，学校現場における教員の能力の差異で安全確保に相違を出さない法理であり，いかなる教員が学校現場にいても児童・生徒の命が守られることを目指す判断である。

　さらに，控訴審判決は，防災における学校と教育委員会，自治体（知事・市長部局）間の情報共有と安全確保における協働の重要性と必要性（義務）を認めている。このような判断は，現場の教員に負担を押しつけないだけでなく，災害現場での教員自身の安全確保も視野に入れた判断となっている。

地域防災上の意義　　第2は，学校防災のみならず広く地域防災上も重要な意義がある。

　控訴審判決はハザードマップの限界を指摘した上で，本件ではハザードマップが誤っており，そのため大川小が津波発生時の避難場所とされていたことが誤りであったとまで判示している。大川小が誤って避難場所に指定されていたため，隣にあった公民館（釜谷交流会館）には地域住民が避難してきており，これら住民も津波の犠牲になっている*72。

　本件訴訟は大川小の児童が犠牲になったことの責任を追及した訴訟であるが，大川小に避難してきた地域住民は，誤ったハザードマップによって提供された情報を信じて大川小やその脇の「釜谷交流会館」に避難してきたことによって，本件津波で命を落としたことになる。

　そうであれば，控訴審判決が「ハザードマップは誤りであった」と判示していることは，大川小の設置，管理・運営を超えて，石巻市自体の防災対応に関し，津波の発生時における避難誘導に係る「平時」（事前）の防災

---

*71　本事件では，注12でも指摘したように，大津波警報が出され強く高台避難を呼び掛けがされていることを認識しながら，子や孫を乗せて大川小から帰って来るはずのスクールバスの到着を待ち続けていたことで，逃げ遅れて津波の犠牲になった保護者も少なくない。事前（平時）の安全確保義務を問題にし，その懈怠を捉えた責任判断は，災害時における児童の引き渡しに関するマニュアル整備や訓練実施の義務付けを前提にした判断であり，このような家族の悲劇も救う判断である点も非常に重要である。

*72　大川小や「釜谷交流会館」に避難してきた者が何名犠牲になったのかは確認がされていないが，近隣の「入釜谷」の一部と「谷地中」を含め，大川小のあった「釜谷地区」で本件津波により犠牲になった住民等の人数は197名であったとされている（検証報告書67～68頁）。

上の対応を怠っていた過失を前提に責任を追及することが可能となり，そのことを通じて，ハザードマップの誤りが是正されたり，避難場所や避難ルートの見直しや改善に繋がり，地域住民の命が救われることになったとも言えるのではないだろうか。

また，このような過誤の指摘を踏まえ，ハザードマップの信頼性について合理的で適切な判断を踏まえた利活用を促す控訴審判決は，将来の災害時において児童に限らず，地域住民の命を守ることにも繋がるものと言える。

そして，このような控訴審判決の判断が広く認識，受け入れられることにより，我が国の全体に，今後，ハザードマップの見直しと適正化が推進され，地域防災をより安全なものにすることに寄与しうる判断と言える。

控訴審判決は，これらの点においても，学校事故のみならず自然災害によるにおける国家賠償責任としては画期的な判断を示したということが可能である。

なお，控訴審判決がハザードマップの限界を正面から認定し，学校現場（教育委員会及び校長，教頭等の管理職並びに現場の教員ら）は，ハザードマップの記載や内容を鵜呑みにせず，児童，生徒の安全を確保するとの観点から批判的な検討をする義務があることを明らかにしたものと言える。

自然災害に備えるために

その意味では，教育関係者はハザードマップというものが持つ内在的な限界や特質を自らも正しく理解し，それを前提に災害時における学校防災に活用することが必要不可欠であるだけでなく，児童，生徒にもこの点をきちんと認識，理解させ，そのような前提で行動できるように指導，教育する責務もある。しかし，この点も控訴審判決の判断枠組みである「組織的過失」の考え方からすれば，個々の教員がハザードマップの限界やその正しい活用などについての対応をとることが前提にされているのではなく，ハザードマップの作成者であり，地域防災に対する責任を負う地方公共団体や教育委員会を含めた組織的対応義務の問題として捉える必要があろう。

（2）　教育現場の負担を増やすのか

現場の負担が増えるのか　平時における児童，生徒の安全確保について，控訴審判決が判示したような義務が課されると，ただでさえ加重労働気味の教員現場の負担が増えるだけで，かえってマイナスではないかとの批判が控訴審判決に対してなされている。

　しかし，考えてみて欲しい。教育は児童，生徒の命が守られなければ全く意味がない。控訴審判決はこの教育における優先順位について，当たり前のことを再認識すべきと判示したのではないだろうか。

　また，繰り返し指摘していることであるが，控訴審判決が問題にしたのは「組織的過失」であって，公務員たる個々の教員の過失ではない。平時における安全確保義務は，現場の教員だけにあると控訴審判決は判断しておらず，教育委員会や市長部局等との共有，協働を求めている。だからこそ「組織的過失」を問題にしたのである。学校防災における学校と教育委員会，自治体間の情報共有，安全確保における協働の重要性と必要性（義務）を認めたのが控訴審判決であると理解すべきである。その意味で，控訴審判決は，現場の教員に負担を押しつけない判断をしたものといえる。

自治体・教育行政が取り組むべき課題　事実，控訴審判決は，既述のとおり，ハザードマップの限界を指摘し，ハザードマップの誤りまで認定している。このような判断を通じ，ハザードマップの見直しと適正化を推進することになることは想像に難くないが，そもそもハザードマップの整備は，教育委員会の仕事ではなく，ましてや個々の教員の仕事でもない。自治体（市長部局）が取り組むべき仕事である。その意味で，控訴審判決は自治体が一体となり総体として学校における児童，生徒の安全を確保することが法律上も責務であることを明確にしたものと言える。

　1審判決は「現場過失」を認めたが，同判決が過失があると認めたのは，当時，大川小学校にいた教員のうち生存教員（教務主任）以外の教員らである（1審判決70頁以下）。これは，前述したとおり，1審判決が「現場過失」を肯定する前提とした結果回避義務違反について，教員らが大川小の「裏山」ではなく「三角地帯」へ児童を避難誘導させたことが誤りで

あり，この点に結果回避義務違反があったと判断したことによる。1審判決は生存教員が教頭に「裏山に避難してはどうか」と注進するなどしていた事実を認定しており，このような事実認定を前提にすると，不適切な避難場所である「三角地帯」への移動の決定や児童を避難誘導させる行為に生存教員が関わったとまではいえず，結果回避義務違反ということはできないと判断したものと理解できる。このように，「現場過失」の判断では，その場にいる公務員の認識や判断，行動等によって過失の有無が異なり，個々の教員（公務員）の知識，経験や判断力，教員としての資質などの相違によって，過失の有無の判断が異なってくることを意味しており，本件の1審判決でもまさにこの点が影響し，生存教員（教務主任）については「現場過失」が認められなかったと言える。

　しかし，控訴審の組織的過失による責任判断の枠組みから考える場合，生存教員が「裏山」への避難を進言したにもかかわらず，これが当時の大川小学校の最高責任者（同校の危機管理マニュアル上では「災害対策本部」の本部長）であった教頭の決断に繋がらなかったことや，学校全体における教員の共通の認識や決断に繋がらなかったこと自体が，大川小学校における民主的議論や「熟議」の欠如，少数ではあってもとても貴重で有益となりうる意見の排除など，学校の組織運営上の問題点を浮き彫りにしている。

　むしろ，この点こそ大川小学校のみならず，市教委，市長部局を含めた学校の設置，管理に携わる組織の管理，運営上の重大な欠陥として意識しうるものであると同時に，真摯な反省の対象であり，児童の安全確保を最優先する観点から再考を求められる点ではないだろうか。

4　控訴審判決の射程と今後の展開

(1)　控訴審判決の採用した「組織的過失」による責任判断の枠組みの射程

判決の射程　控訴審判決が採用した「組織的過失」による責任判断の枠組みは，平時からの安全確保についての組織的対応を要請し，その違反をもって法的責任の根拠とするものであり，学校安全においては地震・津波，火山噴火，洪水などの自然災害のみならず，①授業

やこれに準じる教育指導中や教育課程中の事故（遠足，登山・遠泳，プール等のスポーツ中の事故，理化学実験中の事故，対外試合等），②いじめ事件，③外部侵入者による児童・生徒への危害事件（池田小学校児童殺傷事件）への応用がされる可能性がある。

　また，ハザードマップの点でも指摘したが，学校に限らず，行政による地域防災や企業防災の場面における国や地方公共団体および企業などの組織の法的責任が判断される場面で援用が可能である[*73]。

組織的過失の議論の拡がり　消費者被害の事件などにおいても，①過去には豊田商事の金の現物まがい商法における支店・営業所を一体のものとして捉えて不法行為責任を認めた裁判例（例えば金沢地判昭和63年10月14日判例時報1290号29頁）もあったが，悪質事業者の責任追及の場面でも組織的過失が問われたり，②利殖投資被害における先物取引業者や証券取引業者の内部統制に関する組織（システム）構築義務違反（会社法362条4項6号等）なども組織的過失の問題として捉え直すことが可能である（名古屋地判平成30年11月8日判例時報2453号67頁）。また，③欠陥住宅被害における建築業者，建築士（設計・監理者），元請け・下（孫）請け業者を組織的に捉え直したうえで組織的過失を問題にすることも可能ではないだろうか。④旅行を巡る事故や紛争における旅行業者，手配代行者，現地での移動，宿泊等業者の責任を組織的過失の判断枠組みで判断することもできよう。⑤警察作用における職務権限行使にかかる過失の判断においても，警察組織内部の職務分担毎に個別の公務員の過失に分解せず，防犯や市民の安全確保にかかる警察組織の全体を括って組織の過失を問うことも可能と考える[*74]。

　さらに，⑥医療過誤事件においては，現代医療における「チーム医療」

[*73]　大川小の国賠訴訟の控訴審判決のみを取り上げたものではないが，津波被災訴訟の教訓を企業防災に反映させるべきことを論じたものとして，岡本正「津波被災訴訟を教訓として組織のリスクマネジメント——組織安全文化の視点を事業継続計画へ反映する」論究ジュリスト30号（2019年）100頁がある。

[*74]　結果的に警察の組織的過失までは認められていないが，津谷裕貴弁護士刺殺事件国賠訴訟における仙台高判秋田支部平成29年10月16日（判例時報2423号34頁）の事案などでは，組織的過失が認められてしかるべきであろう。

や「プロジェクト医療」と呼ばれる医療行為（医療サービス）においては，医師や看護師等個々の医療従事者の過失に還元できない責任原因の捉え方が求められていると言え，この分野においても組織的過失による責任判断により医療のシステム化，分業化，チーム化と専門化等への法的対応を可能にすると考えられる[*75]。

　このように控訴審判決が示した「組織的過失」による責任判断は，不法行為法や国賠法一般の問題としても，我が国の法制度が個人の責任を前提に組み立てられていることから，現代社会で急速に進展しているシステム化，チーム化，分業化（アウトソーシング等の拡大）には十分対応できない現実への新たな責任判断の考え方として活用される可能を持っている。

(2)　「組織的過失」による責任判断の課題

「組織的過失」による責任判断の課題

　他方で「組織的過失」による責任判断の枠組みは，個人に責任を還元させない点に長所が認められると同時に，ある加害事象が起きた場合に関与者，責任者とその責任が個別に具体化されなくても組織の責任が認められるため，個人の責任を不明確化し，個人の責任を前提にする不法行為責任の希釈をもたらしてしまわないかという問題もある。

　また，現代社会で急速に進展する専門化，分業化に対応する責任判断の枠組みではあるが，他方でこれらの進展によるジェネラリストの不在，不足そしてその結果としての緊急時や想定外事象への対応力が却って減退してしまわないかという危惧もないではない。これらの問題点も考慮すると，組織的過失の判断枠組みについてのさらなる理論的深化が必要である[*76]。

　特に，①災害対策（防災）は，個人による対応が困難であったり大きな限界があったりする場合が殆どであり，制度的対応や組織的対応が不可欠

---

*75　河上正二「『組織的過失』について」『中田裕康先生古稀記念民法学の継承と展開』（有斐閣，2021年）所収（777頁）。
*76　災害発生時の責任原因とその判断枠組みに絞ってみた場合，このような理論の深化を目ざす新たな議論として米村滋人教授の「災害損害賠償責任」論（前掲注45）が参考になる。

であるにもかかわらず，不法行為法や国賠法が「個人」の責任を前提にして損害賠償制度が組立てられている点で，災害における賠償責任が肯定されるには依然としてハードルが高い。他方，②災害に限らず事故や事件への対応場面では，分業化・専門化など現象が進んでいることからすると，調査研究等による事件，事故の予測，事前対応・対策，災害発生時の対応，事後対応を通じて検討するなど，時間の経過や防災のための制度や仕組みの全体を総合的に取り込む責任判断の枠組みが必要とされている。③複雑で制御困難な事象には連携・協働が重要であると同時に，連携や協働場面での新たな責任原理（組織の構成員や異なる組織間を繋ぐ）が必要ではないかと思われる。さらに④具体的な組織的過失の判断の場面では，組織的対応を行うべき当事者の注意（作為）義務の根拠をどこに求めるのか（契約や法令等，あるいは具体的事情を前提した作為義務に根拠を求める場合など）も大きな論点である。また，この点は④義務の具体的内容をどう措定するかと密接な関係があり，今後の課題としてさらなる検討が必要であろう。

　このような検討の深化が進むことにより，環境法で主張されている「予防原則」を災害損害賠償責任の議論に取り込める可能性や，過失に基づく刑事責任の議論でしばしば指摘される「危惧感説」の考え方との相違や関係性の検討が進展することも合わせて期待したいが，平時の安全確保義務を前提した責任判断の間口が広くなっていく場合，損失補償（特に災害時の個別補償）と損害賠償の境界と棲み分けのラインをどこに引くのかも問われることになろう。

Ⅷ　伝えたかったこと，伝えたいもの

1　本件訴訟で特筆すべき点

（1）　遺族の思いと努力

訴訟活動を支えたもの　本件訴訟は，私たち（吉岡・齋藤）が専ら訴訟活動を進めてきたわけではない。むしろ，大川小で犠牲になった児童の遺族らが自分自身の裁判として，文字通り当事

者であり，かつ，亡き我が子の事実上の「代理人弁護士」になって真実究明の活動をしてきたのである。1 審判決で石巻市と宮城県の国賠責任を認めさせ，本件事故が「人災」であったことを明らかにし，控訴審でも石巻市と宮城県の「組織的過失」を認めさせ，国賠責任を再度認めさせたことは，このような遺族自身の活動と多大な努力の成果であると確信をもって言える。

　大川小の遺族は，我が子の最後を知りたいと願い，一度，打ち切られた保護者説明会を再開させて，合計 10 回にもわたる市教委との説明会で，毎回 3，4 時間にわたり，質疑と意見交換を繰り返し，事案の全容を明らかにする努力をしてきた。これらの説明会における質疑等の記録は，本件訴訟における貴重な立証資料にするなったことは，既に紹介したとおりである。

　また，遺族はそれぞれ分担して関係者からの聴取りを実施して陳述書の資料を作り，また，現場を計測して，津波で流されてしまった建物や地形等をテープで再現して現場を見分した裁判官に具体的なイメージを持ってもらう努力し，児童の被災直前の模様を再現した状況を写真や陳述書等で証拠化してくれたことも紹介した。

　マスコミと良好な関係を維持し，遺族の活動を支持する世論を形成する努力をするなど，血の滲むような努力を積み重ねてきたのである。

1 人ひとりが「我が子の代理人弁護士」

大川小津波被災国賠訴訟は，原告ら遺族が立ち上がらなければ，そして，1 人ひとりが「我が子の代理人弁護士」になって頑張らなければ，仙台高裁判決はこの世に存在しなかった。

　2021（令和 3）年 2 月 21 日に開かれた「仙台高裁判決報告集会」で，基調講演をした米村滋人東大教授は，「組織的過失」を認めた仙台高裁判決は，今後の社会を変える画期的判決と評し，「この判決がなかったならば，1 万 7000 人もの津波の犠牲者を生んだ東日本大震災は日本社会に何も教訓を残さなかったと言える」と述べている。

　我が子が大川小で命を落としたことの経緯と理由の全てを知りたいと強く願い，そして真実は何であったのかを自ら突き詰めることで，せめても

の供養として我が子の生きた証をこの世に残すことだけを考えながら，「我が子の代理人弁護士」として頑張り，それを実行してきたことがここに実を結んだと言える。

　このようなことを成し遂げてきた原告らは素晴らしき人々である[77]。1審判決も控訴審判決も，こうした原告ら遺族が我が子を思い，悲劇を繰り返さないで欲しいという気持ちをもって，つらい努力を積み重ねてきたことの 賜 <ruby>（たまもの）</ruby> なのである。こうして勝ち取られた大川小国賠訴訟の控訴審判決は，学校に限らず我が国の防災全体における重要でとても大きな 礎 <ruby>（いしずえ）</ruby> となったと信じる。

(2)　遺族の葛藤と苦しみ
ア　遺族の葛藤

矛盾との葛藤の中で　他方で，本件訴訟は遺族がこのような努力をすればするほど，我が子が亡くならずに済んだことが明らかになっていくという本質（矛盾と葛藤）を持つ闘いであった。

　そして，その努力の結果，裁判所によって大川小の校長や教頭，教務主任や市教委の法律上も許されない（違法性のある）落ち度によるものであり，遺族らが当初から感じていた「人災」であったことが一層明確になり，訴訟において原告ら遺族にとって良い結果となればなる程「我が子は死ななくて済んだ」ことが明確にされることなった。

　遺族が本件訴訟に「代理人弁護士」として関わり，努力してきたことは反面でこのような矛盾と葛藤を抱えた遺族には，大きな苦しみをもたらすものでもあったのである。

イ　遺族の苦しみ

遺族の苦しみ　日本では，本件のような自然災害において，訴訟という方法をとって法的な責任を追及することについての世間の受け取り方は，決して暖かいものではない[78]。

---

*77　この点は，イギリスのタイムズ誌のアジア編集長兼東京支局長であり，著名なノンフィクション作家でもあるリチャード・ロイド・パリー氏の『津波の霊たち』（早川書房，2018年）参照。

　それどころか，言われのない反感をもたれ，反発を受け，インターネット上での暴言，自宅への押しかけ，路上での罵倒等々，原告ら遺族に対する極めて心ない誹謗中傷が繰り返されている。2020（令和2）年1月には大川小児童の遺族3名を殺害するとの趣旨が記載された文書を報道機関に送付して，遺族を脅迫する理不尽極まりない事件も起き，原告ら遺族は犯罪の被害にも遭っている*79。

ウ　遺族は3度被害に遭った

遺族は3度被害に遭った　このような意味で，大川小の遺族は「3度被害に遭った」のである。校長等の「組織的過失」によって本件津波によって最愛の我が子を失い，その後の石巻市や市教委の事後的な不法行為とも呼べる対応で心に大きな傷を負い，そして，赤の他人から理由もなく，本当に酷い心ない誹謗中傷及び脅迫に苦しめられている。

　このような状況にありながら，原告ら遺族は，最高裁で確定した本件訴訟の控訴審判決の示した学校安全のあり方についての判断が，学校防災の「礎」となるよう本件事件が裁判所の判決で確定した後の今でも日々活動と努力を続けている。

（3）　本件訴訟と我が国の法意識

日本人の法意識　ア　本件訴訟で，原告ら遺族がそうであったように，事故，事件の被災者や被害者がその真実や経緯を知る者に対し，あるいは事件，事故に責任を負うべきものに対し，悲劇がなぜ起きたのかの真相の解明と責任の所在を明確にするよう求めることは，当然であり，かつ，社会的にも正当な要求である。そして，それを権利として行使するために訴訟に訴えることも，また何ら非難されることではないし，法律上も当然の権利行使であって，社会的にも正当な行為であ

＊78　前掲書では，葛藤と苦しみを抱えながらの原告ら遺族のこうした努力にも関わらず，本件のような問題の解決において，訴訟という手段を選択することに対する日本社会の不合理で理不尽な反応が批判されている。

＊79　河北新報2020（令和2）年6月29日朝刊，同6月30日朝刊。

る。

　このような当然の権利行使であるにもかかわらず，世間や一般の人々の受け取り方との間にズレがあり，何らかの理由や原因あるいは単なる好悪や歪んだ感情や一人よがりの思考から，強い反発や非難，批判に止まらず，訴訟を提起した者に対する言われのない攻撃に出る者が少なくない。

隣人訴訟　　イ　このような問題は，1983(昭和58)年2月に言い渡された，いわゆる「隣人訴訟」の判決（津地判昭和58年2月25日判例時報1083号125頁）を契機にクローズアップされ，様々なニュース報道の過熱もあり，社会的にも大きな議論となった*80。

　「隣人訴訟」については，本書の第1章の「6　日本社会における法の役割と限界」の「(2)　隣人訴訟の教訓」において紹介した。したがって隣人訴訟の事実経緯と1審の津地方裁判所の判決内容についてはここでは詳しく繰り返さないが（本書13頁以下を参照されたい），この訴訟は原告側にも被告側にも嫌がらせの電話や手紙等を始めとする言われのない誹謗中傷が繰り返されたことにより，子供を亡くした両親はやむなく訴え自体を取下げ，子供を預かった両親も原告側の訴えの取下げに同意せざるをえなくなり，「隣人訴訟」は，結局，訴訟自体が存在しなかったことになるという極めて異例の結論となった。

　原告側も被告側も，共にそれこそ「世間」からいわれのない非難と耐えがたい圧力によって，裁判所の場における訴訟という方法によって紛争を解決すること自体を諦めさせられたといえる*81。

---

*80　「隣人訴訟」については，判例評釈を含め多数の論考がある。さしあたり宮崎乾郎「近隣紛争を巡る法意識について」香川大学一般教育研究第24号（1983年）19頁，柴田光蔵「隣人訴訟と"訴えでる"ことの意味をめぐって」法学セミナー（1984年8月）114頁，小島武司「隣人訴訟──裁判と国民意識」法学教室121号（1990年）および河上正二「民法総則講義〔新連載〕第1部『第一章　民法の意義と機能』隣人訴訟判決〔津地裁昭和58年2月25日判決〕」法学セミナー581号（2003年）66頁とこれらで引用されている各文献を参照。
*81　このような異常事態に対しては，法務省も国民の裁判を受ける権利が侵害されたと捉えて法務局に調査を命じ，その調査の結果を踏まえ，法務省は，1983（昭和58）年4月8日，これら多数の侮辱的で脅迫的な内容の手紙や電話により，当事者双方の裁判を受ける権利が侵害されたとして，人権擁護の観点からきわめて遺憾であり，国民1人ひとりがこのような遺憾な事態を招くことがないよう慎重に行動することを強く訴えるとの異例の「見解」を発表した（前掲注80の宮崎論文28頁及びそこで引用されている文献等を参照）。

隣人訴訟の教訓は活かされたのか

ウ　「隣人訴訟」は，社会問題としても，また，日本人の法意識の問題としても深く大きな問題を含んでいる。

新聞，テレビを含めこの事件を報道するニュース記事を書いた記者の認識や理解にバイアスが掛かっており，それが記事に反映されたことによって，余計に誹謗中傷や嫌がらせに火を注いだのではないか（現代であればネット上の「炎上」に手を貸し，結果的にそれを煽ったことになっていないかという問題に繋がる）という指摘も可能である[82]。

法律学の世界では，日本法社会学会のシンポジウムや法律雑誌の特集などでも取り上げられたり，この問題を扱う書籍も出版された[83]。これらの作業を通じて，一定の検証がなされ，隣人訴訟のような不幸な結論となってしまった原因や理由が議論され，ある程度は共有されたはずである。

簡単に言えば，社会の中に生起する紛争が訴訟によって全てを解決できるものではないという原理と現実が正しく理解されることは重要であるが，隣人訴訟のように当事者が権利主張を行い，それを訴訟を通じて実現していくことは当然のことであり，それ自体公正で非難されるべきものではないということである[84]。

にもかかわらず，大川小国賠訴訟では，原告ら遺族は前述したとおりの誹謗中傷や脅迫に曝されて苦しめられ，犯罪の被害にすら遭った。隣人訴訟から30年近く経過しても，本件のような事件，事故の被害者が訴訟という手段で権利を主張していくことについては，我が国の社会における認

---

[82]　宮崎・前掲注80（54頁以下）でもこの点の指摘とそれに対する批判が述べられている。

[83]　星野英一編『隣人訴訟と法の役割』ジュリスト選書（1984年），小島武司＝C・アティアス＝山口龍之『隣人訴訟の研究』（日本評論社，1989年）などである。

[84]　この点について，河上・前掲注80の法学セミナーの論文（76頁）では，紛争の当事者あるいは権利，利益の侵害を受けたと認識する者が「裁判所に訴えて法による解決を選択した当事者の意思は最大限尊重されるべきであり」「報道機関が，実名報道で結果的に訴訟当事者を大衆の圧力（無言の暴力）の前に曝したことも大いに問題であり」「これに反応した社会からの一部の行動は極めて異常なものであり」「どこにも紛争の解決手段を得ることができなかった人から『裁判を受ける権利』を取り上げる結果となった」と指摘し，このようなことは「事実関係や当事者の事情を充分にわからないまま，自己の独善的正義感を相手に押しつける無責任かつ暴力的な行為というほかない」と強く批判されている。

識も理解もほとんど変わっていないのではないかという暗澹たる気持ちになる。

　むしろ，情報の入手や拡散のメディア（手段・方法）が，インターネット上のメディアが中心となり，真実や事実からかけ離れた「オールタナティヴ　ファクト（Alternative Fact）」が「事実」として拡散したり，不正確で信頼できない情報や見解，言説，過激で扇動的な意見がインターネット上のニュースやSNSなどを通じて，きわめて簡単に，また，広範囲に拡散していっていることを踏まえると，状況は現在の方がさらに悪化しているのではないかと心配になる。

事実を正確に伝えるには　　エ　原告ら遺族が訴訟という手段をとらざるを得なかった事情をこれまで詳しく紹介したが，本書で述べてきたような大川小児童の遺族の心情や訴訟に至る事実経緯は，原告ら遺族らがマスコミとの関係を良好に保つ活動を通じて，遺族なりに精一杯，正確かつ分かりやすく伝える努力を行ってきた。

　訴訟提起後も，裁判期日があれば必ず，それ以外でも原告団の打ち合わせや作業，その他本件訴訟に関わるエポックとなることがある度に，継続して経緯と事実を正確に伝え，原告ら遺族の偽らざる心情を述べ，広く社会に理解してもらう努力を積み重ねてきた。

　原告ら遺族は，本件訴訟を提起したのは「真実が知りたい」「自分達と同じ気持ちになる人々が２度と出ないようにしてほしい」「そのためには，事の真実を明らかにし，その責任の所在を明確にしてほしい」とカメラやマイクの前や記者の取材で訴え続けた。

　これは，「隣人訴訟」の教訓を踏まえて，その轍を踏まないことを本件訴訟の原告ら遺族が企図してそうした訳では決してない。心からの原告ら遺族の訴えであり，気持ち，心情であった。

　にもかかわらず，以上，紹介してきたような社会や他者からの非難，誹謗中傷や脅迫に，原告ら遺族は曝されることになったのである。

　「隣人訴訟」において，これだけ多数かつ酷い誹謗中傷がなされた背景として，この訴訟が隣人間という限られた共同体の中の当事者間での紛争であったので，このような場面では，法とは異なるルールに従って物事の

是非が判断されることの方が一般的であったという認識を踏まえて，隣人ではなく行政の責任を正面から問う訴訟であったならば，これほどの誹謗中傷にはならなかったのではないかとか，あるいは隣人訴訟で争われた事実関係や当事者や事件の背景に関する事情について詳細で正確な情報がないまま結論だけ見て判断する者が多かったことから，このような事態になったと指摘する論者もあった[*85]。

　しかしながら，大川小の国賠訴訟は，そもそも隣人間のような限られた共同体内の構成員間の紛争ではなく，行政の責任が正面から訴訟で争われたものである。

　また，前述したとおり，原告ら遺族は自らの思い，心情を正直に吐露し，本件訴訟の目的や訴訟という手段をとらざるを得なかった理由や思いを，マスコミを通じて繰り返し訴えてきた。そして，原告ら遺族のこうした訴えは，社会においてある程度広く理解と共感が得られていたと思われる。

　それにもかかわらず，国賠訴訟を提起した大川小児童の遺族に対する信じ難い誹謗中傷や脅迫事件等が起きたことの原因と理由，そしてその背景なり根底にある日本社会の法意識の問題を今一度，問い直す必要があるのではないだろうか。

日本人の法意識に潜む問題　　オ　本件訴訟は，訴訟それ自体が提起した問題（主に法的問題）と，控訴審判決によって示された結論が，後の学校防災の礎になったという点できわめて重要であるのはもちろんであるが，本件訴訟が闘われたことによって，原告ら遺族に対する誹謗中傷や脅迫等という決して許されざる行為が繰り返されたという負の側面をきちんと受けとめ，「隣人訴訟」で少しは賢くなったはずの私たち社会が，相変わらず変わっておらず，本件訴訟はそこに反省と自制を強く求めるものともなっていることもきわめて重要である。

　その意味でも，本件訴訟の提示した負の側面にかかる問題を批判的に検討し，我が国の社会の法意識に潜む問題の解決に取り組むべきことも今後

[*85]　これらの意見については，前掲注80の各論文でも紹介されている。

の重要な課題である。

2　今後の取り組み

教育現場と家庭の対応　文部科学省は，2019(平成31)年度から学校安全を教職課程の必修科目にすることを決定した*86。近年，災害や事故が多発し，その規模が大きくなっているように感じるところでもあり，危機管理や災害時の対応が的確にできる教員が増えることは，大いに期待される。

　しかし，いささか遅きに失した感があるし，教育課程でのカリキュラム化では，既に現場にある教員の資質の向上までは賄えないのではないだろうか。新卒教員だけではなく，控訴審判決が示した学校安全に関する基本的姿勢や考え方を，現役教員ら教育現場へ浸透させることが急務である。

　2019(平成31)年1月に，千葉県野田市で家庭で虐待を受けて女児が亡くなるという悲惨で痛ましい事件が起きた。新聞の社説では，この事件について，教育委員会の担当者に「常識や想像力が欠けていた」，「学校でのトラブルの責任主体となることを回避する『事なかれ主義』が教育委員会に横行していなかったか」，「個々の機関の力不足と，お互いの連携不足が明らかになってきた。今回もまた判断ミスが重なり大切な命が失われた」と批判している*87。自然災害と虐待では事件の内容は異なるが，子どもの命を第1に考え，子どもの命が確実に守られるようにするためには，平時からの組織的な対応が必要かつ不可欠であることは，新聞の社説で指摘されるまでもなく，事件の性質は異なっても本件訴訟の控訴審判決が示しているとおりである。

　文科省はもとより，全国の都道府県や市区町村およびその教育委員会には，本件訴訟の控訴審判決の示した姿勢と考え方を真摯に学び，学校現場でそれが実践されるような施策を早急にとることが求められる。

---

*86　朝日新聞2019（平成31）年2月3日朝刊。
*87　日本経済新聞2019（平成31）年2月24日朝刊「社説」。

第 3 章

鼎談 「大川小学校津波被災事件判決を考える」

はじめに

河上 ここからは，吉岡先生・齋藤先生と私の３人で，「大川小学校津波被災事件判決」が提起した問題を，少し深掘りしたいと思います。改めて言うまでもないことですが，私は長年，民法・消費者法などの研究・教育に携わってきた人間ですし，吉岡弁護士・齋藤弁護士は，それぞれ消費者問題の領域で数多くの事案と取り組んでこられた経歴をお持ちで，私の最も信頼する実務家のお２人です。また，大川小学校津波被災事件判決とは，原告の訴訟代理人として大変ご苦労をされました。あるいは，研究者と実務家では，法に対する見方も異なるかも知れませんが，それぞれの立場から，自由にお話を伺うことができればと思います。なお，お２人からは，貴重な資料をご提供いただきました。改めて御礼を申し上げます。

吉岡 河上先生とは東北大学で教鞭を執られていたときからご指導いただいている民法・消費者法の権威であられる方ですが，とりわけ，私は，河上先生が上梓なされた『歴史の中の民法　ローマ法との対話』（日本評論社）という訳著が大好きでして，この本では，写真や図を用いるなどして，「奴隷」や「ワイン売買」，「親子法」等，今日の日本民法典の起源となるあらゆるテーマが実はローマ法に連なっていることを，具体的事例を挙げて判りやすく私たちに教えてくれています。この本を読み終えたあと，河上先生に，「学生時代に，こんな授業を聞けていたなら，もっと楽しく真摯に法律を学べたのに」と恨み節を言った記憶があります（笑）。そうした先生と，私と齋藤弁護士とが担当した大川小学校津波被災事件について鼎談ができることを，とても嬉しく光栄に思います。どうぞよろし

くお願いいたします。

　齋藤　私も，吉岡弁護士と同様に，弁護士登録直後から豊田商事をはじめ消費者被害の救済に関わっていましたので，河上先生のご高名はかねがね存じておりました。河上先生に初めてお会いしたのは，確か1995(平成7)年4月にスタートした通商産業省の「電子商取引環境整備研究会」ではなかったかと思います。50音順の座席となっており，私の隣に着席された河上先生にご挨拶をしたことを覚えています。河上先生には，その後，吉岡弁護士や私も代表幹事を務めた「先物取引被害全国研究会」に4回もご出講をいただいたり，学会や実務上の研究会などでも多くのご教示を受けてきました。20年ほど前に弁護団を立ち上げて取り組んだ預貯金の過誤払い被害の問題などでも，預貯金の取引に関わる法理論についてご意見を伺ったりもしました。また，大川小学校の津波被災国賠訴訟では，提訴当初から折に触れて私どもの不躾(ぶしつけ)な質問にもお答えいただくなど，河上先生には大変にお世話になりました。心から感謝申し上げます。今回，このような鼎談の機会を設けていただき，とても嬉しく思うだけでなく，光栄なことと思っておりますので，よろしくお願い致します。

「津谷事件」と「組織的過失」をめぐって

　河上　私こそ，お2人と一緒に仕事ができてとても嬉しく思います。さっそくですが，この事件の最高裁決定の原審である仙台高裁の判決は，第2章でも言及されたように，いわゆる「組織的過失」に関する説示を含んでいる点で，理論的にも大いに注目されます。実は，この判決の前に，もう1つ「津谷裕貴(つやひろたか)弁護士刺殺事件」で秋田県警の組織的対応の不備が指摘された判決がありました。この事件も，お2人が訴訟代理人として関わっておられます。

　判決は，2010(平成22)年11月凶刃に倒れた津谷裕貴弁護士の遺族による国賠訴訟（最決令和元(2019)・12・19）でして，問題は，遺族Xからの通報を受けて，現場に駆けつけた秋田県警の対応に不都合があったのではないかという点が問題になりました。現場で，津谷氏宅に拳銃等の武器を所持した男（P）が侵入し，もみあいとなり，Pから銃を奪い取った津谷氏を，通報を受けて駆けつけた警察官2人が，侵入者と誤認して取り押さ

え，間違いに気づいて放したけれども，その間に，Ｐは用意していた刃物で津谷氏を２度にわたって刺して死に至らしめたという，とてもやりきれないものでした。

　津谷先生とは先物研究会でお目にかかって以来，ほんとうに親しくしていただいただけに知らせを受けたときは，愕然としました。高裁の判断では，「警察官が法令上有する規制権限を行使することが特定個人に対する個別の法的義務となるのは，①特に国民の生命，身体等の重大な法益に対する加害行為がまさに行われ，又は行われる危険が切迫しており，②警察官においてそのような状況を知り，又は容易に知ることができ，③警察官が警察権等の法令上の権限を行使することによって上記危険を除去し，上記加害行為によって生ずべき結果を回避，防止することが可能であり，④そのような警察権等の法令上の権限を警察官が行使することが困難ではない場合に限定されると解すべきである。したがって，このような場合に，警察官が特定個人に対して負う義務に反して規制権限を行使せず，又は許された裁量の範囲を越えて不適切に行使したために犯罪等の危険が現実化して当該国民の重大な法益が侵害されたときには，警察官による規制権限の行使又は不行使が国家賠償法１条１項における故意又は過失による違法な公権力の行使に該当し，国又は公共団体は同項による損害賠償責任を負う。」としています。実は，ここでは，Ｘからの通報を受けた後，担当警察官になされた伝達の態様（「侵入者と喧嘩口論している」），現場に到着した特定個人としての警察官の行動（耐刃防護衣を着装せず，靴を脱いで現場に臨場している），誤って津谷氏を捕獲し，Ｐによる２度までの刺突を許してしまったこと，この一連の経緯からすれば，現場にいた警察官個人の故意・過失や裁量権行使の違法性はもちろんのこと，それ以上に，一連の「警察組織としての対応にこそ問題があったのではないか」と考えさせられる事件でした。最高裁で，最終的に確定しましたが，よろしければ，この事件についてのお考えを，聞かせて下さい。

津谷弁護士のこと

　|吉岡|　はい。津谷裕貴弁護士は私たちより１期下の３５期の弁護士でして，刺殺された2010（平成22）年11月当時，彼は，日本弁護士会連合会消費者問題対策委員会委員長で

した。実は，私も津谷委員長の前の委員長を仰せつかっておりまして，後任の委員長に津谷さんを推薦した経緯がありました。また，先物取引被害全国研究会では，豊田商事事件の頃からの盟友でもあり，同研究会での役職が東北に廻ってきた 1993(平成 5)年から 1995(平成 7)年には，津谷さんから「僕が事務局長をするから吉岡さん代表をしてよ」と言われ，2 人で「先物被害救済のために，これからはもっと理論的深化をしようよ。ついては学者路線で行こうよ」と話し合い，1994(平成 6)年に開催された先物取引全国研の山形大会に河上正二，松本恒雄，窪田充見の 3 人の先生をお迎えして，先物取引被害の救済は不法行為構成でいくべきか，契約法理で構成すべきかなど，今日の被害救済法理の原型となる議論をさせていただいたことがありました。河上先生が津谷さんを知ることになったのはおそらくこの時ではなかったかと思います。

河上　そうでした。津谷さんから，「そうはいっても裁判所はなかなか契約法理でゼロか 100 かとなる判断をしてくれない。ただ，こちらとしても，むしろ不法行為で一連の業者の行動の悪質さを追求したいという気持ちもあるんです」とおっしゃっていたのを記憶しています。でも，ほかの弁護士さんたちは，「津谷さんは，過失相殺で，うまく大きな割合を取るんだよねぇ」と感心しておられました。

津谷事件で何が起こったのか

吉岡　さて，今，河上先生からご紹介があった津谷弁護士刺殺事件ですが，2010(平成 22)年 11 月 4 日午前 4 時頃，津谷宅の応接室のガラス窓を割って犯人が建物内に侵入し，異常を知った奥さんが 110 番をして廊下に出たところ，犯人は奥さんの腰付近に拳銃を突きつけ，とっさに奥さんが拳銃を持つ犯人の左手を上に持ち上げ，津谷さんがこれに加勢し，3 人が台所で揉み合っていたところ，台所の勝手口から 110 番通報で駆けつけた 2 人の警官が「大丈夫ですか」と言いながら台所に入ってきたのです。それを見た犯人は，拳銃を捨てて応接室に入り込んだのです。ところが，2 人の警官は，犯人を追い詰めるどころか，あろうことか，警官の 1 人は拳銃を持つ津谷弁護士の左手を，他の 1 人は津谷弁護士の右手を上に持ち上げ，津谷弁護士を磔（はりつけ）状態にしたのです。応接室で機会を窺ってい

た犯人は，予め応接室に運び入れていた槍状の剪定（せんてい）ばさみ（長さ約1.6m）を持って津谷弁護士に突進し，2人の警官の前で津谷弁護士の左上胸部を刺突しました。その後，犯人は，再び，津谷弁護士の左下胸部を刺突し，2人の警官が居る現場で，津谷さんは1度ならず2度にわたり胸部を刺され，救急車で病院に運ばれた段階では心肺停止状態で，その後死亡するという無念極まりない事件が勃発しました。

齋藤　津谷弁護士とは，津谷さんが秋田で弁護士登録をした1983（昭和58）年秋に，広島市で開かれた「先物取引被害全国研究会」に参加しており，この研究会でご一緒したのが最初の出会いでした。それ以降，先物取引など投資や利殖被害の救済に一緒に取り組む中でさらに親交が深まりました。豊田商事の国賠訴訟でも，吉岡弁護士共々被害者弁護団の一員として一緒に闘った大切な「同志」であり，とても親しい友人でした。

　津谷弁護士が亡くなった日は，早稲田大学の法科大学院で担当していた「消費者法」の講義日でした。講義は1時限目でしたが，講義を終えて使用していたプロジェクターの電源を切るため，投影していたインターネットの映像を閉じようと思って画面を見たところ，ポータルサイトのニュース記事に「秋田の弁護士刺殺」とのヘッドラインが目に止まりました。どうしたのだろうと思ってクリックしたところ，「津谷裕貴」という名前が目に飛び込んできました。すぐには意味がのみ込めず，再度読み返しているうちに血の気が引いてきて，指先が痺れてくるような感覚とともに身体が震え出し，講義の後片付けが上手くできなかったことを覚えています。いきなり大きなショックに遭遇すると，悲しみや怒りなどの感情より先に身体が反応し，感情は後から来るものだということを，身をもって実感しました。

津谷事件国賠訴訟

吉岡　津谷事件が起きた直後に日弁連消費者問題対策委員会の全体会がありまして，この場で「犯人はもとより，津谷さんの両側にいた2人の警官の不作為は問題ではないのか。津谷事件弁護団を立ち上げよう」ということになり，秋田県警の過失を問う国家賠償請求訴訟（以下「津谷事件」あるいは「津谷国賠」といいます）を提起しました。ご承知のとおり，警官の不作為・権限不行使による殺傷

事件については，数件の判例があるのですが，いずれも，河上先生がご紹介された4要件，すなわち，これら4つの要件が備わった場合には警察の権限不行使は許されないとする，いわゆる裁量権収縮論に依拠した立論をしました（最高裁は諸般の事情を総合的に判断するとの立場です）。つまり，今となれば，反省すべき点なのですが，通信指令室と2人の警官とを一体的な組織として把握するという視点をさして強調しないまま，どちらかと言えば，2人の警官の現場における過失を問い続け，これで勝ち抜こうと考えていました。弁護団の議論では，「勝手口から入った2人の警官はとっさに犯人と津谷弁護士を引き離しさえすれば津谷弁護士は死なずに済んだ」とか，「応接間に逃げ込んだ犯人を2人の警官がじわりと追い詰めればそれで足りた」，「警察だと一喝し現場の平穏を確保すべきなのにしなかった」など，専ら現場における結果回避可能性に議論を集中させていました。ところが，1審判決（2017（平成29）年10月16日）は，「秋田県では殺人事件が少なく，日頃の訓練もできておらず，2人の警官の行動はとっさの事態でやむを得なかった。2人の警官に過失は問えない」という，驚くべき判決でした。私たちは，即座に控訴し，控訴理由書では1審判決を強く批判したのですが，他方で，どうして2人の警官は私服のまま警察であることを名乗ることもせず，両者を引き離すなど現場を平静化する措置もとらず，誤って津谷弁護士を磔状態にしたのか。それは，臨場した2人の警官には，津谷宅での情報が一切与えられておらず，漫然と室内に入った瞬間，拳銃や剪定ばさみなどで動揺したであろうことは想像に難くありません。では，なぜに，2人の警官は，丸腰のまま，何の緊張感もなく室内に入ったのか。私たち弁護団は，裁判所に証拠保全の申立をして，110番をした奥さんと通信指令室との会話録音データを入手しました。そこには，以下のようなやりとりが録音されていました。

妻：「誰か来てます，侵入者が。殺すとか言ってます。主人に。弁護士なんですけど」

通信指令室：「えー 弁護士？」「んー 何ヒロタカさん？」「住所どこですか？」「泉北3丁目の？」「×番▽号。何，もう一度お名前お願いします。」「ツヤさん？」「あー 津谷弁護士さん」「はい，どうしたんですか？

誰か来ているというと。」「あー　主人のこと殺す？」「家の中にいるの？外にいるの？」「あー　家の中にいるの。はい。わかりました。じゃ，今行きますけども。」「えーと　奥さんですか？」「お名前お願いします。」「はいはい。今行きますので。今警察官向かってます。」「旦那さんは家にいないんですか？」「あー　何となっているのかわからない。あー　声聞こえますね。今行きますのでね。」「はい，はい」（終了時刻：4時6分43秒）と，1分43秒間もの間，間延びしたやりとりをし続けたのである。

　しかも，津谷弁護士の妻が「主人が殺される」と訴えているというのに，「旦那さんは家にいないんですか？」との発問をするに至っては，緊張感の欠片すら見いだせない対応でした。

　司令室は（4時6分27秒ころ）市内をパトロールしている機動捜査隊の車両に無線連絡をしましたが，その際，「喧嘩口論の110番通報です。……訪ねて来た者が『弁護士を殺す』などと話しているとの通報です」などと，殺傷事件が起こっている事案なのに，「喧嘩口論の110番」と事案分類した通信指令をしたのです。通常，110番通報の事案分類の中には「殺傷事案」とは別に，「喧嘩口論」という分類があります。この「喧嘩口論」という分類は，警官らには，日常生活上の些細なトラブルを担当する生活安全課の職務であり，刑法犯を扱う刑事課の対応ではないとの共通認識を抱かせるものでした。それだけに，通信指令室が「喧嘩口論」と事案を過小評価して指令を出したことにより，現場に臨む2人の警官は，「喧嘩口論」なら自分たちの出番ではない，生活安全課か制服警察官の役割だ，まぁ一応現場に行き仲裁でもしようか，という軽い気持ちで現場に臨むことになる，なんとも致命的なミス指令でした。

　後で話が出るかもしれませんが，河上先生は「組織的過失」論を人間の身体にたとえるならば，司令塔が人間の頭脳，現場は人間の手足にたとえることが出来るとおっしゃっているとおり，司令塔（頭脳）が誤った指令を出せば，現場（手足）が誤った行動に出ることはいわば当然ということになりましょう。津谷弁護士が命を落とした原因は，現場に臨場した2人の警察官の現場過失に起因するというよりは，より根源的には，「喧嘩口論」などという，間の抜けた通信司令室の指令こそが，2人の警官の現場

137

に臨む姿勢や言動を誤らせ，本来なら命を落とす必要もなかった津谷弁護士の命を失わせてしまったのです。

　2019（平成31）年 2 月 13 日，仙台高裁秋田支部は 1 審の敗訴判決を改め逆転勝訴の判決を言い渡しました。しかし，この高裁判決でも，2 人の警官の現場過失を認めるに留まり，通信司令室を含む組織としての過失を認めるには至りませんでした。一方，大川小の 1 審判決は，2016（平成28）年10 月 26 日に言い渡され（現場過失を認める），組織的過失を認めた仙台高裁判決は 2018（平成30）年 4 月 26 日に言い渡されています（2019（令和元）年 10月 10 日，最高裁は宮城県らの上告を棄却する決定を出し確定しました）。つまり，組織的過失を認めた大川小事件の仙台高裁判決がでた直後に，津谷事件高裁判決が言い渡されたという時間的関係からも推察されるとおり，私たちの力不足もあり，津谷事件高裁判決に組織的過失論を反映できずに終わったことになります。長くなりましたが，ひとまず，津谷事件の概要をご紹介させていただきます。

　齋藤　津谷事件の国賠訴訟の提起経緯の概要は，吉岡弁護士が説明されたとおりですが，国賠訴訟の提起は，決してスムーズに運んだわけではなかったと記憶しています。私を吉岡弁護士が大川小学校国賠訴訟に誘ってくれたことにも関係してきますが，豊田 商 事被害者の提起した国賠訴訟（以下「豊田国賠」といいます）では私も吉岡弁護士も津谷弁護士も弁護団の中心となり活動してきました。豊田国賠を津谷弁護士と弁護団員として一緒に闘った弁護士の中には，ご遺族を説得して直ちに秋田県警の責任を問う国賠訴訟を提起すべきだとの強い意見もあり，先行して動き出す弁護士もありました。しかし，ご遺族のお気持ちをしっかりと受けとめて，それを汲み取って対応する必要があったことはもとよりですが，津谷弁護士が地元の秋田で活動されてきた仕事の内容やその立場など，様々な事情等も考慮する必要もありました。これらの問題をクリアしながら，訴訟遂行に必要な費用も含めて，訴訟代理人になってもらえる全国の弁護士が一致協力して支えてもらえる状況となったことから，津谷国賠の訴訟提起に至ったものです。

　津谷国賠では私も弁護団員として訴訟代理人になっていますし，豊田国

賠では国の規制権限不行使の違法性や過失などの法律論の担当でしたので，当時かなり文献や論文を読んで勉強しました。その経験や蓄積を踏まえて，津谷国賠でも弁護団員として積極的に活動すべきでした。しかし，この当時，既に吉岡弁護士から声を掛けてもらい，大川小学校の国賠訴訟に関わることが決まっており，東京から頻繁に仙台と石巻に赴かねばならず，責任をもって津谷国賠の弁護団活動に関われるかどうか大きな不安がありました。それに加え，多少個人的な事情もあって実働の弁護団員としての活動には参加できませんでした。大川小学校国賠訴訟を吉岡弁護士と続けながら，その打ち合わせや仙台から石巻へ移動する車中などで吉岡弁護士から津谷国賠の経緯や事実や法律上の論点を聞き，ある意味では好き勝手に意見を述べていた程度の関わりでした。唯一，"実働"と呼べるのは，津谷弁護士宅で事件の状況を再現して，ビデオに撮って証拠として保全するために，事件当時は存在しなかった大型冷蔵庫を移動させる必要があり，たまたま冷蔵庫の動かし方の勝手を知っている私がこれを動かして，撮影に協力したくらいです（笑）。

津谷事件国賠訴訟と組織的過失

|齋藤|　津谷国賠の1審判決は，吉岡弁護士が紹介されたとおりの結論でした。他方，先行していた大川小学校国賠訴訟の方は，控訴審で組織的過失が争点となっており，組織的過失について京都大学の潮見佳男先生に意見を聞くなどしながら検討をしていました。このような中，大川小学校の国賠訴訟の打ち合わせの際などに，吉岡弁護士と津谷国賠の控訴審でも組織的過失の考え方に依拠して秋田県警の責任を問えないか，津谷国賠でも学者に意見書を作成していただき，その中で組織的過失の考え方も盛り込んでもらうような依頼をできないものか，意見書の作成は誰に依頼するのがよいかという意見交換もしていました。そのような経過もあり，津谷国賠では河上先生と神戸大学の窪田充見先生に意見書を作成していただき，控訴審での逆転勝訴判決に繋がりました。河上先生には，意見書の作成をご快諾いただけたことはもちろんですが，窪田先生の場合は神戸大学が本務校でいらっしゃったこともあり，お目にかかる機会も少なかったことから，2017（平成29）年10月にさいたま市で開催された「先物取引被害全国

研究会」に講師として出講を願った際，吉岡弁護士ら数人で直接，懇親会の席でお願いして快諾していただきました（笑）。

　河上先生からは，津谷国賠も一連の「警察組織としての対応にこそ問題があったのではないか」と考えさせられる事件であり，組織的過失が問題となる事件ではなかったか，とのご指摘がありました。津谷国賠は，結果的には吉岡弁護士が紹介されたとおり，控訴審では秋田県警の組織的過失は判断されず，現場における事情や経緯を前提にして「裁量権収縮論」（さいりょうけんしゅうしゅくろん）の判断枠組みにもとづき規制権限の不行使の違法が認められ，同様の事情等を根拠にしていわゆる「現場過失」が認定されて逆転勝訴の判決となりました。河上先生のご指摘を踏まえて改めて振り返ってみると，実は豊田国賠でも，私たちは豊田商事という悪質事業者に対する規制権限の不行使による国賠責任について，あまり意識もしないままに消費者行政に関わる省庁の組織的過失を問題にしていたのではないか，そのような発想が，大川小学校国賠訴訟や津谷国賠にも繋がっているのではないかと，現在では考えるに至っております。

豊田商事事件とも無縁ではない

齋藤　豊田商事については，金の「現物まがい商法」の被害が全国の消費生活センターに多数寄せられる状況となった頃から，当時の「消費者保護基本法」にもとづいて設置されていた「消費者保護会議」において，毎年のように消費者被害の予防と救済に関わる施策として，豊田商事の現物まがい商法の被害について議論がされていました。豊田商事の商法（商品の販売預託取引）は，その後に制定された「特定商品等の預託等取引契約に関する法律」（以下「預託法」とする）があり，さらに消費者庁の検討会の座長として河上先生が大変なご尽力をなされたことによって，販売預託商法を原則禁止とし，私法上も無効とする預託法の改正が実現しています。しかし，当時は預託法のような法令はなかったため，消費者保護会議の構成員となっている各省庁は，規制権限（例えば刑法や出資法等による刑事摘発，景表法にもとづく措置命令，当時の商法にもとづく会社解散命令など）を有していた省庁は豊田商事の活動についての詳しく正確な情報を把握できなかったとし，消費生活センターや消費者相談窓口を持ち，被害情報を把握している

経済企画庁（国民生活センター）や通商産業省などは，直接規制する権限がないとして，お互いに責任を転嫁するような主張を繰り返していました。

　私たちは，豊田商事問題を取り上げた国会の関連委員会での質疑における大臣や政府委員の答弁を整理した「官僚答弁集」を作成し，これらの省庁の主張の分析なども行いました。弁護団では，これも活用して消費者保護会議の構成員であった6省庁（大蔵省，通産省，公正取引委員会，警察庁，法務省，経済企画庁）が，消費者保護会議の構成員として消費者保護のために相互に連絡調整しながら消費者被害の予防と救済のための施策を実現すべき組織が形成されており，これら6省庁には相互に豊田商事の被害情報の共有化や規制権限行使に関する連絡調整義務があり，各省庁が連絡調整義務を果たすことによって規制権限を有する省庁がその権限行使を行うことで，豊田商事の被害の拡大が防止できたという責任論を展開しました。このような責任判断の枠組みはよく考えれば「組織的過失」の判断枠組みと同じものではないかと考えられます。

津谷国賠から大川小国賠

齋藤　かなり脱線してしまいましたし，ずいぶん前置きが長くなってしまいましたが，吉岡弁護士の説明のとおり，津谷国賠では1審判決が秋田県内での殺人事件の発生数が少なかったことなどを理由に，警察官の現場臨場時の対応や110番通報の伝達等の在り方など，緊急通報時の市民の安全確保に不可欠な事前の対応の必要性はなかったかのような判断をしています。この判断は控訴審では否定されましたが，1審判決のような判断がなされてしまうことも有り得ると考えると，津谷国賠でも秋田県警内部における組織的対応はもとより，被告にはしませんでしたが，全国の自治体警察の権限行使についての連絡・調整が責務である警察庁（国家公安委員会）を含めた，警察組織の運営者としての責任も問題となり得ると考えられます。

　このような責任論は，自治体警察内部の組織的な対応のみならず，警察庁（国家公安委員会）も含めた警察組織全体の責任や，その後の予防接種訴訟における厚生大臣という職にある者の組織的過失を認定して，国賠責任を肯定した，東京高判所平成4年12月18日（判例時報1445号3頁）にも繋がります。また，既にご紹介した豊田国賠における6省庁の相互連携の組

織的関係なり関連を前提にした連絡・調整義務違反などにもとづく権限行使の違法性や過失についての議論は，大川小学校国賠訴訟においては，学校（校長，教頭など）と石巻市教委や市長部局（ハザードマップの作成，周知なども担当する防災担当部局）の相互連携により，平時からの危機管理マニュアルの改訂や避難訓練等を含めた津波防災体制の構築義務があり，これを行ったことをもって責任原因と考える判断に繋がっているものと思います。

津谷弁護士からの贈り物　こうした歴史と議論の経過を振り返ると，津谷弁護士は，豊田国賠で共に闘ってきた行政庁の相互連携における組織的な対応における違法性や過失を前提にした責任論を，私たちにもう一度自覚させ，それを発展させる契機をご自身の命をもって示してくれたものと思っています。

欠陥住宅問題について

欠陥住宅訴訟　河上　まさに，おっしゃるとおりです。津谷弁護士からのプレゼントですね。ただ，どこまで，組織体としての過失を問えるかは，確かに難しい問題ですね。吉岡先生は，**欠陥住宅問題**でも尽力されています。ここでも，住宅に欠陥があったという事実の背後には，設計監理者，請負事業者など様々な人がいます。最高裁は，「建物は，そこに居住する者，そこで働く者，そこを訪問する者等の様々な者によって利用されるとともに，当該建物の周辺には他の建物や道路等が存在しているから，建物は，これらの建物利用者や隣人，通行人等（以下，併せて「居住者等」という。）の生命，身体又は財産を危険にさらすことがないような安全性を備えていなければならず，このような安全性は，建物としての基本的な安全性というべきである。そうすると，建物の建築に携わる設計者，施工者及び工事監理者（以下，併せて「設計・施工者等」という。）は，建物の建築に当たり，契約関係にない居住者等に対する関係でも，当該建物に建物としての基本的な安全性が欠けることがないように配慮すべき注意義務を負うと解するのが相当である。そして，設計・施工者

等がこの義務を怠ったために建築された建物に建物としての基本的な安全性を損なう瑕疵があり，それにより居住者等の生命，身体又は財産が侵害された場合には，設計・施工者等は，不法行為の成立を主張する者が上記瑕疵の存在を知りながらこれを前提として当該建物を買受けていたなど特段の事情がない限り，これによって生じた損害について不法行為による賠償責任を負うというべきである。／居住者等が当該建物の建築主からその譲渡を受けた者であっても異なるところはない。」と判断しました。

　ここでは，建物の建築に関わる複数の事業者，これを1つのプロジェクト遂行のために形成された「組織」といってよいかと思いますが，その組織の安全確保に向けた責任が論じられているように思います。いかがですか。

　[吉岡]　はい。欠陥住宅問題に取り組み始めた契機は1995（平成7）年の阪神淡路大震災です。あれほどの被害が発生したのに，あれよあれよという間に神戸の街は何の被害もなかったかのように復興していきました。私は，いずれそのうち，建築専門家らがこの震災被害を教訓にして地震に強い建築物を造る仕組みや，杜撰・手抜き施工を未然に食い止める仕組みが提言されるだろうと期待していたのですが，残念ながらそうした動きが起こらない。どうしてだろうと建築関係者らに聴き取りをするうち，建築の世界では「内部から声をあげてはならない」という，無言の圧力のようなものが底流に行き渡っていることに気づきました。そうであるなら，むしろ，全くしがらみもない建築の素人の消費者が，建築界に，もの申していくしかないと思いつき，震災の翌年，神戸市内にルミナリエが点灯した初日の1996（平成8）年12月14日に「欠陥住宅被害全国連絡協議会」（略称「欠陥住宅全国ネット」）の発足集会を開催しました。あれから25年が経過しましたが，この間，同ネットは，工事監理を怠った建築士を告発する運動を展開し，国交省も積極的に懲戒処分を行う契機を作り出し，裁判所もまた，民法の旧635条但書きが解除権を制限していることとの均衡上，建て替え費用請求は否定されていた事案につき，建物に重大な瑕疵がある場合には建替費用を賠償し得るとした最高裁平成14年9月24日判決，建築主が特に耐震性を高めるため柱の断面寸法を300㎜×300㎜のより太い鉄骨

とするよう求め，施工業者はこれを承諾したのに業者は 250 mm× 250 mmの
鉄骨を使用して施工した事案で，「300 mm× 300 mmの鉄骨が使用すること
が特に約定され，これが契約の重要な内容になっていたというべき場合，
250 mm× 250 mmの鉄骨を使用して施工された柱の工事には瑕疵がある」と
した最高裁平成 15 年 10 月 10 日判決，そして，いわゆる「名義貸し建築
士」に不法行為責任を認める最高裁平成 15 年 11 月 14 日判決など，最高
裁は，良質な建物を社会に存置するための決め手になる最高裁判決を，
次々と言い渡しました。

　前置きが長くなりましたが，河上先生からご紹介いただいた最高裁平成
19 年 7 月 6 日判決事案は，壁の亀裂やバルコニーの手すりのぐらつき，
雨漏り等，多数の瑕疵があるマンションの事案でした。1 審判決は，設
計・監理した建築士，および，施工業者に不法行為責任を認めたのです
が，2 審の福岡高裁は，一転，「その違法性が強度である場合」，「瑕疵の
程度・内容が重大で，目的物の存在自体が社会的に危険な状態である場合
に限って不法行為責任が成立する」として，不法行為の成立には「強度の
違法性」や「重大な瑕疵」がなければならないとして，不法行為の成立要
件をきわめて限定的に解した判決でした。これに対し，最高裁は，「違法
性が強度である場合に限って不法行為責任が認められると解すべき理由は
ない」とする判決を言い渡しました。

欠陥建物はなぜ生まれるか　　　　吉岡　ここで，河上先生が敢えてこの判
決を取り上げ，私に振ってきた理由は，
最高裁が，建築の場面でも組織的過失の法理を適用していたではないか，
最高裁は，私たち弁護士に，もっと積極的に組織的過失の法理を適用して
被害救済を図るべきではないか，そのあたりを，弁護士はもっとよく検討
して実務に反映しなければならないのではないかと，私たちの尻を叩く趣
旨でこの判決を取り上げたのではないかと思うのです。確かに，建築物を
造るという行為は，チームプレーが求められる世界です。ところが，建物
に瑕疵が見つかると，現場で瑕疵を実際に作出した大工や現場労働者の過
失が問われることになります。

　しかし，欠陥建物がなぜ生まれるのかと言えば，その根源には，現場に

建築期間の短縮を求め，また，より廉価な人工賃で作業する大工らを求め，さらには，現場の手抜き施工に目を瞑り，本来求められている適正な工事監理を懈怠する従順な建築士を求める，建築企画者であり司令塔の地位にある者らが，価格競争でしのぎを削り，ともすれば，違法な指揮命令を発し，現場の従順的人員を操っているからではないのか，そうであれば，この立案・指令部局を担っている者らにメスを入れないと，手抜きや杜撰工事を平気で行う姿勢は改まらないのではないか，ということに気づかされます。2005(平成17)年頃，構造建築士が建築確認申請図書添付の構造計算書の一部を差し替え，耐震性が極端に劣る建築基準法違反のマンションを適正な耐震性あるマンションであるかのように装っていた事案はマスコミが派手に報道した事案ですので，多くの方々の記憶に新しい事案だと思いますが，このマンションを施工した業者もまた，建築基準法違反の設計であることを知りながら施工をしていました。

　いったい，どうしてこんなことになるかといえば，このマンション建設を企画し販売するマンション業者が，これら建築士や施工者を従属させ，違法マンションを建築させていたからです。となると，真の不法行為者とは，このマンション業者ではないか，だとすれば，被害を受けた区分所有者らは，このマンション業者を不法行為の主犯格として被告に据えるべきことになります。このケースは，国会でも取り上げられ，マスコミ各社がこのマンション業者の責任を追及するなどして，こうした違法行為の指揮命令系統が暴かれたのですが，通常一般的には，マンションを購入する区分所有者はマンション業者と売買契約を締結するだけで，建築士や施工業者との間での契約関係は全くありません。また，マンションの区分所有権は次々と転売されますので，転得者は売主との契約関係すらありません。さらには，建築士や施工者の違法行為は，当該瑕疵がなぜ発生したかの欠陥原因を暴くことにより，ある程度，それらの違法性を主張立証できますが，当該瑕疵が作出された真の原因が前述したマンション業者の不当な指示等によって発生していたとしても，外部からは，その具体的指令等を把握する術もありません。こうした建築の仕組みからすると，最高裁が「建物の建築に携わる設計者，施工者及び工事監理者」という具体的主体を明

示して，これらの者らに「建物の基本的安全性を確保・配慮する義務」を認めた点は画期的です。施工業者が既に倒産していた場合などでは，建築士に瑕疵補修の能力がない以上，マンションの建築を企画し，売主として利益を得たマンション業者自体をも不法行為の主体として取り込まなければならない場合も生じますので，この点からも組織的過失の法理が生かされていくのではないかと思います。

デジタル・プラットフォーマーの責任

河上　私もそう思います。問題の射程はかなり拡がります。ところで，齋藤先生は，最近話題になっているデジタル・プラットフォーマー（DPF）の責任に関して，「システム提供者には信義則上の欠陥のないシステムの構築・提供義務がある」として，「もはや『場』の提供者にすぎないから責任はないという抗弁は成り立たないのではないか」との御意見をお持ちです（「インターネットと消費者」消費者法判例百選（第2版）241頁）。この点は，私も全く同感で，ネット社会で，中間に介在しているシステム運営者が，全く責任がないとはいえないのではないかと思います。もちろん，中間介在者といっても，GAFAのような巨大システムから，個人的な小さなものでいろいろありますから，一概に，その責任を捉えるのは難しいかとも思うのですが，少なくとも，システムを構築し，利益の一部を享受し，それを統御する専門的知識を持った事業者には，そこで生じたトラブル解決のための責任の一端を担っていただく必要があります。この点は，預託等の改正にかかる束ね法について，国会で参考人として招致を受けたときも，「これだけは」と大川小学校事件のことと組織的過失についてお話ししてきました。よく，利用契約の中には，免責条項が定められていることもあるのですが，これらについて齋藤先生のご感触をうかがえますか。あるいは，大川小学校事件判決とは縁の遠い話だと思われるかも知れませんが……。

システム構築者・管理・運営者の責任

齋藤　はい。河上先生が編集されている『消費者法判例百選（第2版）』のコラムに，今紹介をいただいたようなことを書きました。このような考え方を述べたのは，直接的にはインターネットによる取引に関

する消費者紛争の解決に携わったり，これに関わる法律（具体的には特定商取引法の通信販売規制や電気通信事業法が主ですが）の改正や紛争解決のための法理論について検討する中で，一方では事業者が構築したり用意する仕組みや組織（システム）を利用しないと消費者は取引に参加ができない現実があり，事業者はこれらのシステムを利用させることによって大きな利益を得ていながら，これらのシステムを利用することで発生した損害や危険に対する責任をほとんど負担することがないのは公正ではないと考えたからです。

また，もう一つ関係するのは資金取引の場面です。預貯金の取引（預入や払戻し，送金・振込など）もかなり高度で複雑なシステムによって行われているのが実態です。しかし，預貯金の過誤払い被害の事件に取り組むなかで，特に消費者との関係では免責条項等が周到に用意されており，システム構築者や管理・運営者の責任が認められることはないのは当然と考えられています。そのため，システムの構築や運用の側面における責任の発生原理や責任の性質，内容および責任発生の要件などは，ほとんど問題にされてきませんでした。これも公正とは言えないのではないかと思っていたところです。この点は，預貯金の取引に限らず，クレジット取引も構造上は決済に係わるプラットフォームと考えられますし，もっと広く考えれば，電子マネーやQRコード決済や暗号資産の取引等による資金取引など一般に関係する重要な問題と考えています。今後，インターネットを介した取引がますます拡大するでしょうから，このような電子的な手段，方法による決済の問題がきわめて重要になってくると思います。

預貯金の取引で 齋藤　預貯金の取引では，有名な最判平成15年4月8日判決（民集57巻4号337頁）があります。この判例は，民法478条の債権の準占有者に対する弁済の有効要件の1つである弁済者の善意・無過失について判断したものですが，盗難通帳によってATMから預金が引き出された事案について「債権の準占有者に対する機械払の方法による預金の払戻しにつき銀行が無過失であるというためには，払戻しの際に機械が正しく作動したことだけでなく，銀行において，預金者による暗証番号等の管理に遺漏がないようにさせるため当該機械払

の方法により預金の払戻しが受けられる旨を預金者に明示すること等を含め，機械払システムの設置管理の全体について，可能な限度で無権限者による払戻しを排除し得るよう注意義務を尽くしていたことを要する」として，金融機関が通帳を利用してATMで現金が引き出せることをカード規定等に規定せず，預金者に対する明示を怠ったこと等の注意義務違反があり，したがって過失があると判示しています。

　社会通念としては，ATMでの取引はキャッシュカードが利用され，通帳によって現金の払い戻しが可能だとの認識が一般的ではない実態を背景にして，預金の機械払いシステムが通帳による引き出しが可能であれば，この点を明示する等により，無権限者による払い戻しを排除しうる注意義務を尽くす必要があると判示している点は，システムの構築者なり運営者の安全性確保に関する義務の一端を認めたものとして，重要な意義があります。

　この事例では，金融機関における預金の機械払いシステムの責任のみが問題となっていますが，預金取引はもちろんその他の決済システムは，複数の主体が様々な関わり方をもって全体の構造が作られていますし，システムの機能や安全性などについては複数の主体が関わっています。これらの関係者相互間の関係を法律上はどう考えるべきなのか，契約の相対効という民法の原則からすると全体を捉えた法律関係や責任論は上手く構成できるのか，従来の考え方（法理）で十分に説明ができるのかについては重要であると同時に，反面ではかなり難しい課題と思っています。現代社会では「システム」はICT（Information and communication Technology）抜きには考えられませんし，現在ではその大多数がAIを利活用したものとなっています。

ネットワークにおける責任分界

齋藤　ICTやAIを利用したシステムの場合，関与するステークホルダーは法律関係で結びついているのか否かすらよく分からなかったり，その結びつきが法的な意味での因果関係の判断の対象となるものとは，性質や実態が異なるものである場合も多いと思います。その場合，システムに関与する者の相互の「責任分界」が非常に不明確とならざるを得ないことか

ら，システムの利活用によって生じた危険や損害を，誰がどのような責任をどのように負うのかがよく分からない事態となっています。携帯電話などの通信ネットワークにおけるこのような意味での責任分界の内容と在り方を検討した総務省の研究会でも，よく分からないという結論しか出せなかったと記憶しています。このような現実がますます拡大する社会にあっては，システム全体を捉えて，それを構築したり，管理・運営する主体に責任を負担させる考え方を確立する必要があると思います。

河上　同感で，私もATMの問題について判例評釈や論文を書いたときに，同様の議論をさせていただきました（「478条」星野英一＝広中俊雄『民法典の百年Ⅲ』所収）。直近の取引だけではなく，その背後で構築されている「契約の仕組み」や運用のあり方も考慮されなければならないように思います。

齋藤　いろいろ申し上げましたが，冒頭で述べた豊田商事に対する国の規制権限行使の場面でもそうですし，ネット取引の場面でも資金決済の場面でも，同じようにシステムに関わる責任の問題があるにもかかわらず，このような問題を包括するような法的な考え方が明確にされていないのです。その中にあって契約法理と不法行為法理の区別を少し取り払って見通すと，組織（なり，システム）を全体として捉えて，これを構築し，運営している者が複数関わっている場合の関与者の責任を整理し，責任原因なり責任原理を明らかにし，その要件と効果（責任の内容）を明確にする必要があると常々思っています。

　かなり大風呂敷を広げてしまいましたが，反面，自分の能力を遥かに超えていることも自覚しておりますので，河上先生をはじめ，この分野の研究者の先生方に教えを請わなければならないことが多々あると思います。ご迷惑かとは思いますが，よろしくお願いいたします。

日本社会における法と法意識について

河上　こちらこそ。それにしても，今後，研究者の果たすべき責任は重いですね。場面を少し限定してでも，少しずつ組織体としての責任のあり

方を具体的に拡張していくことを考えねばなりません。

裁判所の役割　｜河上｜ところで，日本社会で，「法」といえば，どことなく「よそよそしい」感覚がありますし，普通の人にとっては，裁判所へのハードルは高くて，「できればご厄介になりたくない，関わりたくない」場所かも知れません。そもそも，自己の「権利を主張する」こと自体，なんだか強すぎる自己主張として歓迎されていないのかとさえ思われるのですが，どうでしょうか。ドイツ人は，「そうだね！」というときに「君には権利がある（Do hast Recht !）」と普通に言いますし，「じゃあ，そういうことにしよう」というのに「契約する（vertrae-gen）」と言います。これは，単に言葉だけの問題ではないのかも知れません。日本では，「契り」の方が重そうです。例えば，いまでこそクーリング・オフをするときは内容証明郵便を使うのが確実ですなどと説明していますが，弁護士さんにとっては，相手に確実に通知をする際に内容証明郵便を送りつけることは，日常茶飯事なのでしょうか。一時期，裁判所からの通知のような，「督促状」なるものが届いて，消費者センターに架空請求による問い合わせやトラブルがたくさん寄せられたことがありますが，このような被害も，日本社会における法に対する特殊な感情が背景に潜んでいるように思います。

大川小国賠事件での反応　｜吉岡｜はい。日本社会における法の役割について，河上先生は，第1章で，「隣人訴訟」の両当事者が社会から強い批判を浴びた経緯等を，詳しくご紹介されています。実は，大川小事件でも，子どもを亡くした遺族らが宮城県と石巻市を被告にして訴訟提起をしたところ，「学校周辺で暮らしていた大人が200人近くも死亡する自然災害だったというのに，どうして県や市を訴えるのか」，「そんなに金がほしいのか」などとの投稿が続くようになりました。また，判決が確定した後も，原告団の役員らを名指しして，「火をつけて殺す」などと書かれた脅迫文が新聞社などに送付され，宮城県警が原告団の代表らの自宅周辺の警備に乗り出す事態となりました。当時，原告団は，最高裁の決定を得て，勝訴判決報告会を開催する予定で準備中でしたが，「もしも会場にガソリンでも巻かれたら大惨事になる」との懸念の

声もあがり，同報告会は中止に追い込まれました。幸い，犯人は逮捕され，有罪判決を受けたのですが，原告の方々は深く傷つきました。

津波訴訟での遺族の思い

吉岡　先日，地元紙の河北新報が「津波訴訟　遺族の思い」と題する特集記事を組みました。その中で，愛媛大学法社会学の小佐井教授は，「命を金銭に置き換えて賠償させる考え方は昔から強い忌避感や根強い拒否反応がある。根底には災害による犠牲は仕方がないとみる発想や，あなただけではないのだから我慢せよという同調圧力がある」と指摘しています。被災当時の石巻市長も「宿命」発言をしましたが，これも同旨の発想にもとづくものと思われます。

遺族の知りたかったこと　吉岡　なぜ，こうした発想が多くの人たちの心の底流に潜んでいるのか，以下，大川小津波被災事件の遺族らが訴訟提起を決意する経緯等をご紹介させてもらい，我が国の法と法意識について考えて見たいと思います。

津波で被災した直後，遺族らは，市教委らが主催した保護者説明会の場で，「なぜ50分間児童は校庭で待機させられたのか」，「走れば1分で登れる裏山があると言うのに，どうして敢えて津波が遡上している北上川方向にある三角地帯に向かって子どもらを誘導したのか」，「子どもはどのようにして津波に呑まれていったのか，そのとき，波は冷たかったのか，どんな風が吹いていたのか，我が子の最後を知りたい」と，こもごも質問しました。子を失った親ならば，誰しもが抱く疑問と，真実を究明したいという叫びでもありました。

しかし，校長らからは「これから調査したい」と繰り返すばかりで，誠意ある回答は得られませんでした。また，震災2年後に文科省が事実上主導するかたちで「第三者検証委員会」が立ち上がりました。そして，委員会は，児童が死亡した理由として，「校庭からの避難が遅れたこと」，「三角地帯に向かった避難したこと」が原因であるとの調査結果を示しました。しかし，これらのことは，既に遺族らが調査済みのことでした。

　遺族らが知りたい真実とは，「いったい，なぜ，校庭からの避難が遅れたのか」，「なぜ三角地帯に向かったのか」という点でした。委員会の報告書には，これらに関する記載はなく，遺族らは，とても失望しました。そして，真実を究明するために残された最後の手段は，裁判を提起し，唯一生存し，津波被災の現場を一部始終目撃したはずの教務主任を証人尋問することによってしか，遺族らが知りたい真実は明らかにならないと考えるようになりました。これが，遺族らが裁判を選択した理由の1つなのです。

　もう1つは，大川小をとりまく現場の状況，例えば，学校から200mほどの位置に北上川があり，学校は追波湾から直線距離で3.7kmの位置にあり，校庭から走れば1分で登れる裏山があり，数年前まで子どもたちは椎茸栽培の実習をしていた場所であるなど，すぐに高台に避難する物理的環境にある学校だったのに，どうして子どもたちを裏山に避難させてもらえなかったのかという疑問をいだくことが当然な地理的環境にあり，県や市が親たちに謝罪をするしかないはずなのに，頑なにこれを拒み，県や市の落ち度を認めさせるには，裁判で決着をつけるしか他に方法はないという状況に追い込まれていたという理由です。

これは人災だ　早い段階から裁判を考えていたSさんは，「1分で登れる裏山があるのに子どもらは50分も校庭に待機させられていたんです。避難マニュアルも不十分で，津波避難訓練は一度もしていなかったのです。正門近くに『海抜1.12m』と書かれた石碑も建っていたのです。本件は自然災害による不可抗力などではなく，明確な人災だと思うのです。しかし，県や市は不可抗力だといい，責任の所在をあいまいにするばかりでした。私たちは子どもの命を失わせた原因がどこにあるのか明らかにすることが親の責務だと考えています。そのためには裁判しか他に方法はなかったのです」と，その心境を話してくれています。また，Mさんも，「学校側の説明は責任逃れの後ろ向きのものでしかなく，子どもの最後を知るためには裁判をしたかった」と述べています。つまり，真実究明のためには，裁判以外，他に方法はなかったというのが訴訟提起の理由となっています。

裁判って何だ

吉岡　これとは，別に，他の遺族からの呼びかけに応じて訴訟提起を決意した遺族もいました。先行して訴訟提起を決意していた遺族は，他の遺族らに，「共に裁判を提起しないか」と呼びかけていました。裁判など考えたこともない遺族らには，「裁判ってどんなものか，一度，弁護士さんの話を聞いてみないか」と声がけをし，私は，その説明のために会場となっている公民館などに出かけていき，裁判の仕組みや費用負担などについて，何度か説明をしました。その結果，裁判に踏み切る意思を固めた方もおりましたが，私の話を聞いたものの，訴訟に参加しない方もおりました。また，当時，子を失った悲しみに打ちひしがれ，そもそも弁護士の話を聞く意思も意欲もないという方もおりましたし，津波で家を失った遺族の方々は，仮設住宅に入居するなどして，所在自体が不明の方も多くいらっしゃいました。市教委は「保護者の住所は個人情報なので開示できない」というのです。そのため，これらの方々の中には，訴訟参加の呼びかけを受けられずにいた方もおりました。

　結局，73人の児童・家族58家族のうち，死亡した23人の児童の遺族・19家族が訴訟に参加することになりました。私のもとに，後日，訴訟に参加しなかった方々の心情等が漏れ伝わってきました。「子を失って立ち上がることもできない。裁判する意欲すらない状態だ」，「いまさら裁判をしたからといって死んだ子どもは戻ってこない」，「裁判をしても勝てっこない」，「現場の先生はきっと最後まで子供らを護るため精一杯の努力をしてくれたはずだ。そんな先生を責めることはできない」，「金が欲しいのかと世間から責められるに決まってるから，裁判はしない」，「親（祖父母）から裁判なんかするなと叱られた」，「上司から裁判はしないでほしいと言われた」などというものでした。このように，同じ遺族の方でも，裁判に対する考え方は様々でした。

それぞれの当事者の遺族の思い

吉岡　一方，大川小で亡くなられた教員の側に目を向けてみます。大川小の危機管理マニュアルには，津波発生の際，児童を避難させる具体的避難場所が記載されていませんでした。また，学校は，津波避難訓練を一度

153

もしていませんでした。

　本件地震発生の際，学校には教頭を含め11名の教師がいましたが，地震発生直後に，校内で「山へ避難」と叫び，また，その後も，校庭で教頭に対し，再度，「山に避難」と進言していた教師がいました。この方が，唯一生存した教務主任の方でした。大川小の校庭脇には，行政防災無線が備え付けられていて，地震発生直後の14時52分にこの無線スピーカーから「6mの津波が来ます。すぐに避難してください。海に近寄せないでください」との放送がされました。当然，校庭に避難・待機していた先生や児童もこの放送を聞いていました。15時15分頃には，娘を引き取りに校庭に駆けつけた保護者がいました。この方は，担任の先生の左腕を摑んで，「カーラジオでは10mの津波が来ると言ってます。すぐに裏山に逃げてください」と裏山を指さして叫んだというのです。ところが，この教師は「お母さん落ち着いてください。娘さんが泣いていますので連れて帰ってください」と落ち着いた口調で言ったというのです。

　結局，11人の教師のうち，10人の先生が73人の児童と共に死亡し，教務主任だけが助かりました。この10人の教師の方々は，沈没しようとする船の船長と同様，子供が津波に呑まれようとする場面で自分だけが避難することは許されないとの宿命を背負った方々でした。しかし，一度も学校で津波の避難訓練をした経験もなく，津波の基礎知識すら事前に学ぶ機会もなく，大川小という職場で稼働していた労働者でした。本来なら，この教師らの遺族の方々も，県と市に対し，安全配慮義務違反（安全な職場で働けるよう環境を整備しておく義務）を理由に訴訟をすることも可能な状況下にありました。しかし，どなたも提訴しませんでした。私の推測ですが，教師の遺族がもしも裁判を提起したならば，激しいバッシングが予想されることを想起し，無言を貫いたのではないでしょうか。

組織はどう対応したか

吉岡　では，県知事，市長，県教委，市教委，そして校長ら，学校側の立場で，それぞれ児童の安全を確保しなければならない役職を担った方々らの対応はどうだったでしょうか。原告となった遺族らは，「もしも，学校側が遺族が求める真実究明に乗り出す対応をしてくれていたならば，遺族らは訴訟提起

をしなかったかもしれません。ところが，これら学校関係者は，ことごとく真実を覆い隠そうとする言動に終始し，遺族らを失望させ，遺族らの憤りを募らせました。例えば，保護者説明会で遺族から，『なぜ裏山に避難しなかったのか』という質問に対し，『裏山の樹木が倒れていて危険でした』と答え，遺族が裏山を確認したところ，倒木の事実はなく，その直後の保護者説明でこのことを問うと，『樹木が倒れるいるように見えました』と答弁を修正し，遺族らは益々憤りを募らせました。また，市長は，保護者説明会の席上，『これは宿命です』と発言し，遺族らを怒らせました。保護者説明会には生存した教務主任が一度だけ出席したことがありましたが，事前に用意したペーパーを読み上げたあと，顔を机に伏しつけ，その後，両脇を支えられて会場から途中退席をしたあと，いっさい，連絡がとれない状態になりました」。

廃棄された資料　吉岡　そのうち，市教委は，生存した児童（校庭に親が迎えに来て帰宅した児童）から津波直前の校庭の模様を聴き取る作業を開始し，同調査結果を遺族らに発表しましたが，この報告書には，遺族が生存児童から聞いた「『○ちゃんは，担任の先生に，裏山に逃げよう，このままでは死んでしまう，バカじゃねぇか，と先生に食ってかかっていた』という証言が載っていませんでした。また，被災後5ヶ月後の河北新報には，市教委が聴き取り資料を廃棄したとの記事を掲載しました。ますます，遺族を怒らせてしまいました。そして，前述のとおり，第三者検証委員会は，遺族が最も知りたいと願う真実（いったい，なぜ，校庭からの避難が遅れたのか，なぜ三角地帯に向かったのかなど）について全く触れないままの検証報告書を完成させたのです」と学校側の不誠実な対応を指摘しています。

　河上先生は，「自分が子どもたちの遺族であったらどう考え行動するだろうかとか，教職員や教育委員会の構成員であった場合はどうか，第三者の目からどう判断すべきなのか，視点を往復させることが大切だ」と指摘なさっていますが，以上に指摘した事実関係からして，児童の遺族らが裁判という方法をとらざるを得なかったという事情をご理解いただけるのではないかと思うのです。もしも，遺族らが裁判を提起しなかったら，これ

らの事実が，うやむやのまま忘れ去られてしまったのではないかと思います。原告となった遺族の奮闘で，「平時」からの「津波対策」を各人の役割ごとに分析・検討し，「組織」全体で児童の安全を守る措置を執らなければならない（それは教師の安全を守ることでもある）という教訓を高裁裁判官から引き出し，これを最高裁に認めさせたという意義はとてつもなく大きいものがあります。もしも，遺族らの訴訟提起がなければ，多くの人たちは，「自然災害における不可抗力」と一蹴し，なんの教訓も残すことなく忘れ去られることになったと思います。

　実は，2021年2月21日，「大川小津波被災国家賠償訴訟報告会」を仙台弁護士会においてズーム会議とを併用して開催したのですが，基調講演をされた米村滋人教授（東京大学，民法）は，パネルディスカッションの最後の発言として，「この判決がなかったならば1万7,000人の犠牲者を産んだ東日本大震災は何も日本社会に教訓を残さなかったと思います。この判決が大川小の児童だけでなく1万7,000人の犠牲者を救ったと思います。日本社会が変われる重要な判決だと思います」とコメントしました。大川小の遺族らが裁判で闘ったからこそ得られた成果だと考えます。その意味で，原告となった遺族らが確たる勝訴の見通しもないのに，敢えて，県と市を被告にして訴訟を挑んだ勇気と情熱に心からの賞賛を送りたいと思っています。

今後の学校安全を確保するために

吉岡　また，視点を変えて，もしも，児童らとともに死亡した教師の遺族の方々が，我が子や配偶者が安全な場所で仕事をする環境を与えられずに死亡したとして，使用者たる県と市に対し，安全配慮義務違反を問う訴訟を提起したと仮定すれば，この裁判では，「学校」という建物を建築する際の，位置や高さの適否とか，建物内の避難経路・避難場所（屋上への垂直移動）の設定の要否，津波発生の際の避難通路（裏山への避難階段等の設定等）の開設の有無，避難訓練のあり方，危機管理マニュアルの検討等，学校内で児童の安全を守るための環境の良否，さらには，津波発生時の教師の対応等がつぶさに議論され，我が国の学校安全を教師の視点から問題提起する価値ある裁判になったことでしょうし，その裁判から，今後

の学校安全を確保するための多くの教訓が引き出せたものと思われます。ここでも，もしも，教師の遺族らが，「世間から激しく批判される」とか，「災害による犠牲だから仕方がなかった」などという懸念から訴訟提起を断念したというなら，とても残念なことだと思います。我が国の法と法意識について，考えさせられる点だと思います。

どうせ遺族は訴訟なんかしない？

吉岡　さらに，大川小裁判で被告側に立った方たち，とりわけ，県知事，市長，県教委，市教委，そして校長ら学校側の立場でそれぞれの役職を担った方々の中に，仮にも，「遺族らの中には災害による犠牲は仕方がないとしているはずだ」とか，「遺族を取り巻く周辺から，あなただけではないのだから我慢せよ，という同調圧力が起きるはずだ」，「だから遺族らは裁判に踏み切ることはしないはずだ」などという思い込みがあったと仮定したら，これまた残念なことだと思いますし，さらにもう一歩強い表現をお許しいただけるなら，こうした我が国の法と法意識を逆手にとって「どうせ遺族は訴訟には至らないだろう」などと，高をくくっていた節はないだろうか。そんなことは絶対にあり得ないと信じたいところです。

不正確な情報が誤った法意識を育む

吉岡　私がこれまで述べた事実や経過をよく知らなかった方もきっと多いのではないかと思います。マスコミの報道等による，ある一部の側面だけから報道された事実を鵜呑みにして，事案の全てを理解したように誤信したまま，素直で率直な自説を悪意なく展開することが，実は，遺族らを深く傷つけてしまう結果となることを，私たちは肝に銘じておかなければならないと強く思います。法と法意識を考える際，正確な情報を的確に多くの人たちに伝えることが肝要であり，逆に，不正確な情報が，誤った法意識を育むことになるという側面からの検討が必要だと強く思います。ある意味，我が国の法と法意識の脆弱性は，知っておくべき的確な事実把握ができない「情報過疎」の人たちによる「悪意なき固定観念の形成社会」がなせる技なのかもしれません。

齋藤　遺族が石巻市と宮城県を相手に，国賠訴訟に踏み切らざるを得なかった経緯と理由，遺族の心情と葛藤は，吉岡弁護士から詳しく説明して

いただいたので，私が付け加えても屋上屋を重ねるだけにも思えます。

情報の不足と理解の限界 　|齋藤|　大川小学校の事件のような，自然災害による被災の責任を問う訴訟では，直接の加害者が存在しない場合がほとんどです。この場合，法的には加害者の行為によって被害を受けたことが認定されたとしても，そもそも自然災害ではみんな被災しているので，どうしてあなただけ救済を求めるのか，裁判で勝訴して賠償金をもらうことで，自分だけ救済されたいと考えているのではないか，などとの受け取り方がされます。特に国賠訴訟では，裁判所で責任が認められると，賠償金の支払いは税金で賄われるので，なおさらそう受け取られる特質を持っています。小佐井先生が河北新報の記事でコメントしていたのはこのような社会的な反応について述べたものと言えます。これは，訴訟によって権利主張をしていく行為自体についての，法律的な意味での，制度の本質なりその目的と，一般の市民の捉え方とのズレや，具体的な事件の内容と経過，紛争の実際についての情報不足と認識の不正確さなり，歪み，そして訴訟で権利主張をする，被害者の心情と訴訟という手段を用いることの，趣旨や目的，社会的な意義についての正しい理解に限界があり，むしろ歪んだ受け取り方をされてしまうことに大きな問題がありそうです。その結果，訴訟による権利主張が，しばしば素朴な意味で不公平感が生じさせてしまい大きな反発を招くことに繋がります。

　また，隣人訴訟などではマスコミ（今ならフェイクがたくさん紛れているネットの記事）等からしか情報がなく，実際に生起した事実やそれを前提にした論点を正確に認識し，理解しているとは限らないので，世間一般の人の受け止めや判断からすると，権利行使をしている人が，誰の目にも「被害者」だとは受け止められないことも少なくありません。これらの現実の中で，吉岡弁護士が指摘する「情報過疎」の人たちによる「悪意なき固定観念」がいっそう，生まれやすくなっているのだと思います。

　大川小学校の事件でも，訴訟を提起すること自体に，否定的な受け取り方をする方々が，かなりあったと思われます。大川小学校の事件の場合，訴訟を提起する以上は，損害賠償請求として金銭請求を行う以外に方途が

ありません。権利主張の背景にあったり，裏づけとなっている事実関係や価値判断，そして権利主張をする被害者の思いや心情，社会的な意味での請求者の正当性が正しく認識されないと，訴訟提起により賠償金（お金）の支払いを求めているという点だけが一人歩きします。お金には色がついていないので，賠償請求という現象面だけ見ると，権利行使の理由や背景，権利者の思いや心情などは，関係者以外には測り知れないし，思い至らないのが現実なのだろうと思います。

　そうすると，畢竟，お金の請求しか方法がない訴訟という手段に仮託されている，物事の本質や思いや心情，その目的などは捨象され，手続上の便宜でしかないお金の経済的な尺度である金額なり数字が一人歩きし，「なんだかあいつは得をしている」「自分だけいい思いをしようとしている」とか「世の中で特別な扱いを受けようとしている」等々という，本質からすれば，かなり歪んだ認識なり判断が生まれてしまうのではないでしょうか。

　大川小学校の事件は，東日本大震災の津波による被災の事案ですから，非常に広範囲にわたり，多数の人々が命を落としたり，津波で財産や思い出となるものが全て流されてしまったことは共通で，これらの人々が被災者としてじっと我慢しているのに，なおさら大川小学校の児童の遺族だけが行政に責任の追及をするのかという感覚になるのでしょう。

　タイムズの東京支局長リチャード・ロイド・パリー氏は，日本社会にあるこのような感覚を批判していますが，しかし，このような感覚が生まれてしまうのが社会の現実だとすれば，それ自体が悲しいことですし，法律を生業としている一弁護士，あるいは多少なりとも大学で法律を教えている者として，とても残念なことです。ここで他人事のように，悲しい，残念と言っていても，大川小学校の遺族の皆さんと同じ状況にある方々は救われません。少し違う観点から，被害者が権利主張を訴訟の場で行うことの意義を考えてみたいと思います。

遺族は何を思ったのか

齋藤　事件，事故の犠牲者の遺族が，記者会見などで訴訟を起こした動機や目的について問われた際，何が起きたのか「真実を知りたい」からであるとの答えが

159

返ってくることが多いものです。大川小学校の事件の場合でも，原告ら遺族が同様の思いで訴訟に踏み切ったことは，吉岡弁護士から詳しく紹介されたとおりです。

　突然の悲劇で，愛する肉親がこの世からいなくなってしまった現実を受け入れられないのは，人であれば当然で，この現実を少しずつ心の中に取り込んで，自分でこの喪失を埋め合わせていかない限り，到底，受け入れられないものでしょう。それだけではなく，愛する人が亡くなっていながら自分が生きていること自体，自分には納得ができない状態が続いていくものではないでしょうか。

我が子の死を受け入れるには　齋藤　大川小学校の場合も，いつの時点で我が子に何があって，どのようにして津波に襲われ命が失われたのかが理解でき，それはなぜ，誰がどのようにしたから（あるいはどうして）そうなったかのかが分かって，初めて我が子の死を受け入れられるようになるものではないでしょうか。我が子の死を心が受け止めるといっても，それは我が子が自分自身の記憶として刻み，それ以外は「無」になってお終いとなるということではないはずです。自分なりにいったんは納得した我が子の死が，「無」ではないものとして自分の心の中に，そして，できれば他者や社会や歴史の中に生き続けていると実感できて初めて，我が子の死を受け入れることができるのではないかと思います。

　その意味で，受容の出発点として非常に大きな意味を持つのは，我が子の亡骸を見つけてやれたかどうかではないかと思います。自分の意思と手で子供を荼毘に付すことができたという体験と実感を持てたかどうかは，我が子の命が奪われてしまったことを，心が受け入れられるか否かにおいて，決定的に違うものなのではないかと実感します。大川小学校の津波被災でも依然として4名の児童が見つかっていませんが，行方不明のご遺族の思いや活動を見ていると心からそう思わざるを得ません。

　繰り返しになりますが，我が子の死を受け入れていく心の過程でとても重要なのが，どのような経緯で我が子は亡くなっていったのか，いつの時点で何が起きていたのか，学校管理下でこんなにたくさんの児童が亡く

なったのは「なぜ，大川小学校だけなのか？」その理由を知るということだと思います。

　遺族は，石巻市（市教委）や大川小学校の校長，そして生存教員にはこの「なぜ」を納得できるように明らかにしてほしい，遺族に向かい合って真摯<ruby>真摯<rt>しんし</rt></ruby>に説明してほしいと望んでいました。しかし，この点は遺族説明会でも市教委が立ち上げた検証委員会でも，まともな議論や検討はなされず，遺族に真摯な説明もされませんでした。議論も説明も遺族が納得する形ではなされず，遺族説明会が一方的に打ち切られ，児童の遺族は，裁判という方法でこの点を明らかにする以外に対処のしようがない状況に追い詰められてしまいました。児童の遺族が，大川小学校の国賠訴訟の提起に踏み切らざるを得なかったのは，この点が非常に大きな理由になっていました。

　ここまで説明すれば，遺族が訴訟を提起したことを一般の方にもある程度は納得をしてもらえるのでしょうが，逆にいえば，吉岡弁護士が紹介したような経緯や実情，実態を知らしめないかぎり，遺族が訴訟提起に踏み切ったことが納得して受け入れられず，やっぱり「お金」ではないのかと受け取られてしまうこと自体が，法意識の問題としては憂慮<ruby>憂慮<rt>ゆうりょ</rt></ruby>すべき重要な問題なのではないかと思います。

訴訟代理人としての責任

　齋藤　吉岡弁護士も私も，国賠訴訟を提起した以上，法律に<ruby>則<rt>のっと</rt></ruby>り，宮城県と石巻市の損害賠償責任が認められるために必要な主張，立証活動を続けてきましたが，決してこのことだけを考えて訴訟を続けてきたわけではありません。遺族が訴訟に踏み切った理由とその背景にある心情を汲み取り，それに応えることも私たち訴訟代理人の責任と考えていました。それに，吉岡弁護士のお話しの中にありますが，本件は私たち弁護士が，遺族から依頼を受けて，代理人として訴訟に必要な活動をするのではなく，原告ら遺族自身が我が子の代理人として法廷に立ち，訴訟に必要な活動を主体的に行っていくことが必要不可欠を考え，遺族にそのような活動をし

てもらうための工夫と努力をしました。それは亡くなった児童のためであると同時に，我が子を亡くした親が，我が子がこの世に生きた証を取り戻すことであり，そうすることによって，我が子の死を受容することでもあったと思っています。

何が起きどうなったのか

齋藤　第1審では，裁判所から求められたこともありましたが，本件の津波被災の事実経過を時系列に従い，その時点での状況，得られた情報，学校での当事者の言動，動静等に分けて詳細な時系列表をまとめて裁判所に提出しました。時系列表をまとめるについては，遺族自身による関係者の聞き取りや情報公開条例を活用した石巻市保有文書の開示請求，市内の図書館での石巻市の広報誌の調査，現地の測量，見分結果の証拠化など原告ら遺族が大変な努力と苦労を重ねて来た成果が，最大限盛り込まれています。吉岡弁護士も私も，訴訟の主張・立証という狭い枠にとらわれずに，遺族自身が，地震の発生後，津波が来襲し我が子の命が奪われていくまでに，**何が起き，どうなったのか**を可能なかぎり知りたいという願いの実現に遺族自身が関わることこそが，この訴訟の目的の1つであり，とても重要な意義があるものと理解していました。

どうして大川小学校だけが

齋藤　また，もう1つ，遺族が知りたいと願い，石巻市や市教委，学校に対して問い続けていたのは，「どうして大川小学校だけが」ということでした。石巻市や宮城県側は1000年に1度の未曾有の災害だったから，市教委や校長，教頭ら大川小学校の関係者のみならず，近隣住民も大川小学校に津波が到来することは予見不可能であったし，津波到達時の状況からすると安全な高台への避難による結果回避可能性もなかったと主張していました。しかし，ほんとうにそのとおりであれば，1000年に1度の災害でも，石巻市内で大川小学校以外の学校では，津波の犠牲者は非常に少なかったという厳然たる事実を説明できないではないか，それは到底納得できることではないという思いが，原告ら遺族の心の底から沸きでてきていると実感していました。

　石巻市内の他の小・中学校にもわずかながら津波の犠牲となった児童等

がありましたが，原告ら遺族は，学校管理下の児童と教員の大部分が犠牲になったのは大川小学校だけであったのは，いかなる事情や理由，背景があったからなのか，それは石巻市，市教委あるいは学校，教員らの考え方や対応（事前，事後も含めて）に問題があったからではないのか，これを石巻市や市教委，学校は納得できるように説明して欲しいと訴訟前から強く求めていました。

　この点も裁判所に責任を認めてもらうための主張・立証からも重要であったことは間違いなのですが，原告ら遺族が自ら努力したり，訴訟の過程で，裁判所の釈明によって提出された被告側の資料など，原告側が入手できる証拠を最大限活用して，石巻市内の全ての公立学校の地理的条件（学校名，所在地，海・河川からの距離，標高，津波到達の有無・到達時刻，学校の被災状況〔浸水等の被災内容・児童等の被災者数〕）を整理し，津波浸水図にプロットしたうえ，校舎の客観的状況（構造，何階建か等）について写真を貼り付けて一覧にし，さらに学校毎の「危機管理マニュアル」について，同マニュアルの有無，第3次避難等に関する記載の有無，内容を整理し，その上でそれぞれの学校で実際に取られた避難行動について，第2次避難の内容と避難先，避難を決定した者，避難決定の理由と経緯，避難決定者の津波到来についての認識と評価，実施に避難を完了するまでの時間などを一覧にした資料を作成し，控訴審で提出しました。

　この資料は，既述のとおり，国賠訴訟としては原告ら遺族の主張であり立証手段であったわけですが，これらの作成を通じて上記の遺族の問いかけに対する原告ら遺族自身の努力による回答であり，遺族の代理人弁護士としてできる回答でもあったわけです。

　これをまとめることで，大川小学校と市内の他の学校との地政学的な相違や地震発生後に入手可能であった情報の有無，内容およびその量と質の違い，事前の対応の有無，内容とそれぞれの違い，意思決定権者の対応の内容と相違，そのような意思決定の違いは何を背景にして，どうしてそのような相違が生じることになったのかの手掛かりを提示できました。本来は，このようなことは石巻市なり市教委あるいは学校がなすべきことですが，遺族説明会を都合10回にわたり開いても，この点すら明らかになり

ませんでしたし，結果的に訴訟の場でも，被告側からはこの点の回答はされていません。

　しかし，訴訟という手続を通じ，特に高裁では，裁判所の釈明を通じて原告ら遺族の上記の疑問に答える手掛かりとなる資料が裁判所に提出され，これらを主張，立証のために活用，整理することで，裁判所の責任の判断とは別な意味で，結果的に遺族の問い対する答えがある程度は明らかになったと思っています。

訴訟提起の意味は　　齋藤　原告ら遺族が自らの権利を行使して，その実現を求めて裁判所に訴えを提起することは，吉岡弁護士の指摘されたとおり，我が国の裁判制度上は我が子の命をお金に換えて請求せざるをえず，この限界というか裁判の本質が引き起こす社会の認識や受容との軋轢が権利主張をする遺族を苦しめる結果となっています。この点は，大川小学校の事件に限らず，これまでも何度となく繰り返され，正当な権利者である被害者が苦しめられてきています。

　しかし，訴訟を提起し，裁判所の場で権利主張を行い，そのために必要な事実解明と公正中立な判断者によって，一定の結論（価値判断）が示されることを通じて，この訴訟で吉岡弁護士と私が行ったような作業や営為を通じて，遺族に辛い事実を受けとめられる素地を作り，しかるべき位置と態様でそれを受け入れられるようにする（なる）ことは，お金に換えようのないものを敢えてお金に換えて裁判の手続きに乗せて，判断を裁判所にしてもらうという訴訟提起のもつ重要な意義なり目的ではないかと思います。

　もうひとつ，吉岡弁護士の紹介にもありましたが，2021(令和3)年2月に開かれた判決報告集会で米村先生が述べられた「この判決が大川小の児童だけでなく1万7,000人の犠牲者を救った」ことの意味を考えてみたいと思います。このコメントの受け止め方はいろいろあろうかと思いますが，仙台高裁が組織的過失を問題にし，平時の安全確保義務を認め，津波来襲時の結果回避義務違反を理由に石巻市と宮城県の国賠責任を肯定するという判断枠組みをとったのは，大川小学校の事件が，自然災害である津波被災事件であるとの特質を踏まえたものと考えられます。津波来襲時に

おける個々の教員の予見可能性と結果回避可能性のみを責任原因とする判断枠組みでは，現場の教員に責任を押しつける判断になってしまい，この場合，自然災害が発生した時点で，たまたまその場にあった個々の公務員の責任を問うことになってしまいます。この場合，現場の教員の責任を重くし，現場教員の負担をさらに増やすことになります。また，大規模な自然災害の場合には，災害の発生現場では誰もがパニックに陥り，合理的で適切，迅速な判断が可能とは言えない場合が多いのではないかと思います。そうすると，自然災害の場合にはおよそ国賠責任の追及はできないということにならざるを得ず，被害者は救済されないだけでなく，そもそも被災者の命や安全を守るという，最も優先されなければならない課題が抜け落ちてしまいます。

　しかし，仙台高裁が判断したような組織的過失を問題にすれば，これらの不合理，不都合は回避可能です。現場の教員に責任を押しつけることにはならず，パニックに陥る前，あるいはパニックに陥ったとしても被災の回避なり安全確保が可能となり，学校現場で言えば，児童，生徒の命が助かるだけでなく，学校の教職員の命も助けることができる判断枠組みなのです。本件の事実経過を踏まえれば，子や孫の帰宅を待っていて避難が遅れて津波の犠牲となった地域の住民の命も救えることになる判断枠組ではないでしょうか。

　このような考え方が裁判所で認められ，法律上の基準として社会の中で定着し，機能していくようになることで，私たちの社会は大川小学校の場合と同じように自然災害などで命を落とす児童，生徒や教職員をなくすことができるようになるはずです。大川小学校の児童の遺族が，心ない人からの誹謗，中傷やバッシングに耐えながらこの訴訟を提起し，自ら訴訟活動を行い，判決を獲得したことによって，その恩恵は広く一般に及んでいます。原告ら遺族が，そもそもこの訴訟を起こさなかったら，そして訴訟に主体的に関わり仙台高裁の裁判官を説得し，組織的過失を認める判決を書いてもらえなかったら，大川小学校で起きたことが全く教訓にもならず，東日本大震災で亡くなった1万7,000名の人々にとっても，そして今後も発生するであろう自然災害において命を落とす危険のあるたくさんの

人々の安全を守ることに繋がるものとして，とても重要な役割と意義を有するものと考えられます。

　被害者が自分の権利を主張して，訴訟でそれを実現していくことには，このような社会全体としてきわめて重要な意味があるのです。法意識を考える場合，このような意味における権利主張なり訴訟による社会の問題の解決の意義，目的，影響，効果をきちんと理解してもらえるような取り組みが必要なのでしょう。その意味でも大川小学校の国賠訴訟は非常に貴重な実例というべきです。

個人と団体・共同体

|河上|　抽象的な言い方で恐縮ですが，この問題は，個人と共同体や団体の関係をどう考えるべきかという大きな問題にも繋がりそうです。日本人は，「仲間」や「世間」というものにとても敏感であるように思います。最近，様々なところで，相互扶助や助け合い，「絆」が語られていて，それなりに意義深いことのように思うのですが，同時に，私は，一抹の不安や行き過ぎに対する危険も感じるのです。人間の尊厳ということを考えると，ほんとうに個人の生き方や考え方が大切にされて，その上で，各人が主体的に行動する過程で，こうした結びつきが生まれてくるのなら良いのですが，かつての教育勅語のように，上から，相互扶助や連帯を語られると，個人が抹殺されるのではないかと考えてしまいます。いわゆる「同調圧力」の問題も同根です。もちろん，原告の方々も一枚岩ではなかったでしょうし，遺族の方々には，訴訟に消極的な方もおられたと思います。また，勝訴して一定の金銭が賠償金として払われることになると，他の被害者との間には，ある種の不公平感も生じるかも知れません。人間の社会的感情を無視することはできませんが，法の世界では，こうした問題を正面から取り上げることは困難ですし，どのように付き合っていったらよいか迷います。このあたり，お 2 人は，どんな思いで実務に取り組んでおられるのでしょうか。

全員一丸となる難しさ

|吉岡|　例えば，自治体のミスにより 50 人が 1 人 100 万円の損害を被り，そのうち 30 人が自治体を被告にして訴訟提起をした事案を例にとってみます。訴訟が大詰めを迎え，裁判所が自治体に過失があるとの心証を持ち，自治体に 3,000 万

円を賠償してはどうかという裁判上の和解案が出されたとき，自治体側からは，「50人のうち30人だけに被害弁償をするわけにいかない。他の20人との関係で不公平が生じる」との理由が持ち出されることがあります。訴訟不参加の被害者らを和解拒否理由に用いるという作戦です。また，そうでなくとも，「1人60万円（30×60＝1800万円）なら和解解決をしていい」と言って裁判上の和解を成立させ，裁判を終了させたあと，訴訟外で20人にも60万円（20×60＝）を支払うという対応もしばしば経験するところです。この場合も，実質的には，訴訟不参加の人たちを訴訟参加した方々の1人当たりの和解金額を減額する理由に用いることになります。

参加と不参加　吉岡　さらに，似たような類似の手法としては，労働組合などで，いわゆる「ぶら下がり闘争」と揶揄される裁判対応もよく経験するところです。例えば，50人の職場で賃金の不当差別を理由に訴訟を提起しようと呼びかけたところ，30人が訴訟に参加するというのに，20人は不参加を表明します。そして，裁判での審理等を横目で睨みながら30人が勝訴した瞬間，不参加だった者ら20人が使用者に30人と同じ賃金を支払うよう求める手法です。本来ならば，50人が全員一丸となって訴訟提起をすべき事案ですし，また，その方が訴訟上もより強力な審理が可能になるのですが，現実には，全員が一丸となって闘う体制を作ることは容易ではなく，必ずと言っていいほど一部に不参加者が出てしまう経験をします。昔の私は，なんとか一丸で……という気持ちも強かったのですが，最近は，訴訟参加を望む人だけで訴訟提起をし，勝訴の暁には訴訟参加した者が賠償金を勝ち取ることで良いのではないか，不参加者の人たちがどのような行動をとるかは気に留めないようになりました。権利主張をした者だけが権利を取得するという事実を積みあげることの方が，誤った法意識を解消させることになるのではないかと思うからです。

　また，同じ訴訟参加を希望する人たちの中でも訴訟への対応は様々です。人間ですので，病気になったり，家族間に不和があったり，金銭的に余裕がなかったりなど，裁判にかけるエネルギーの度合いも様々です。また，向き不向きがあるのも当然で，マスコミに顔を出せない人もいれば顔

は出すがうまく話せないという人もいます。私は，これらを皆で正直に吐
露し共有し，互いの弱点を知ったうえで合行動することが大切と考えてい
ます。

　裁判で大詰めを迎える時期に裁判所から示される方針（例えば，和解勧告
とか，審理打切りに応じるかなど）について，参加した原告らの見解が真二つ
に分かれる事態がよく起きます。一番難しく危険で困難な局面です。ここ
での判断を誤ると原告団が分裂の危機を迎えます。これをどう乗り切る
か。私は，日頃から，審理の過程をつぶさに原告らに知らしめ，ともに考
え，時間をかけてよく話し合うことだと思っています。これを心がけてい
ると，あまり異なった方針や厳しい対立は生じないと思います。これらの
ことも，法と法意識を考える際に，大切なことかと思っています。

被害者側の分裂を避けるには

齋藤　河上先生のご指摘の問題は，悪
質商法の被害者による集団的な責任追
及でもしばしば問題になります。弁護士としていちばん悩ましいのは，個
別の依頼者の利益を優先するのか，悪質業者の商法がポンジースキームの
ような場合には，自分の依頼者の被害救済の原資は他の被害者から収奪し
た金銭によって賄われていることが明らかなので，新たな被害者の被害が
生じることにより，自分の被害者の被害が回復される関係にあるからで
す。また，多数の被害者が加害者に損害賠償請求を行っている場合に，加
害者に被害者全員への賠償を実行するほどの原資がない場合にも「早いも
の勝ち」を止むなしとするのか，被害者の公平なり平等を図るのかの考え
方の違いを踏まえて，事件処理の現場でシビアな議論がされます。豊田商
事の事件でも，これらの点が正面から議論されました。

　最近では，破綻必至の事業者の場合には，個別救済よりも将来の被害の
発生を防止する活動に重点がおかれるようになっていると思います。この
ようなジレンマに陥らないようにするために，適格消費者団体の差止請求
や消費者裁判特例法にもとづく集団的損害賠償請求訴訟の制度が作られた
と理解されますが，依然として悩ましい問題です。

公平と平等

齋藤　国賠訴訟や大企業相手の事件（吉岡弁護士の紹介し
た労働事件などは）の場合は，相手方の支払能力に問題は

ないので，被害者間の公平や平等の問題が中心になります。また，公平や平等を図る範囲なり対象については，既に訴訟提起をしている当事者に限るのか，潜在的な被害者も含めて解決の内容や水準を考えるのかによって，吉岡弁護士が紹介された事例のように悩ましい問題が生じます。

　いずれの場合についても，弁護士としては依頼者である被害者にどれだけ正確な情報を提供できるか，それを踏まえて法的な判断なり見通しについて，どれだけ納得してもらえるかに係ると思います。薬害訴訟では訴訟に参加していない被害者についても救済の対象とする恒久措置について加害者側（国や企業）との間で和解による解決として実現することもありますし（森永砒素ミルク中毒事件がその嚆矢でしょう），詐欺業者の破産事件などで既に納付した税金の還付をうけられる前提として，課税要件に該当しない事実関係と法律関係であったことを課税当局に認定させるために，例えば詐欺業者に雇用されて給与の支払いを受けていた従業員との雇用契約が無効であって，源泉徴収義務がないことを国税に認めてもらうために，パイロット的に訴訟提起を行い，判決を獲得して国税に還付を認めさせることもあります。

　これらは，ある程度類型化できる被害事件については当てはまりますが，個別性が強い事案ではなかなか意思の統一や解決内容の公正や平等を確保するのは困難なこともあります。そうすると，吉岡弁護士が説明してくれたとおり，個別の依頼者の具体的な事情を前提にして，何をどれだけ理解してもらい，納得を得られるかに掛かっていると思います。この場合，一緒に手続きなり事件に参加している当事者間での十分な意見交換なりの議論が不可欠で，これらの議論などの中で理解と了解を得ていくことが不可欠と思います。

　逆に，この議論等の中で十分に納得が得られる結論であれば，金額や条件の形式面では完全に平等とは言えないものでも，当事者全員が同意してくれ，全体の解決が図れることもあります。

　逆に，吉岡弁護士が指摘するとおり，この点の理解が得られなければ，判決の獲得にこだわるグループと和解解決もやむなしとするグループに分かれてしまい，原告団が分裂してしまうこともしばしば見受けられます。

　そうならないためには，日頃から意見交換や協議を重ね，当事者と訴訟代理人の弁護士との間の認識の共通化と意見交換が非常に重要ですし，そのような経緯の中で訴訟代理人弁護士に対するしっかりとした信頼関係が構築されていることがとても重要なことです。

　このような意味では，大川小学校の事件では，吉岡弁護士が当初の段階から遺族に対する丁寧で真摯な説明をなんども繰り返し，訴訟提起を決断するまでの遺族説明会や石巻市の検証委員会における遺族側の対応についても助言や支援を続け，亡くなった我が子の代りに闘っているのだと励まし続けたことが，原告ら遺族との間の良好な信頼関係の基礎となっていると思っています。

大川小学校津波被災事件についての率直な思い

　河上　先日，You-tube でこの事件についての映像が流れているのを拝見して，吉岡先生と齋藤先生のお姿を拝見しました。ただ，なぜかお2人とも，どことなく寂しそうでした。齋藤先生の目には涙さえ浮かんでいました。とても，最高裁で勝訴判決を獲得した訴訟代理人の誇らしげな様子は窺えませんでした。さしつかえなければ，お2人に，大川小学校事件に関わられての率直な思いをお話願えませんか。

遺族の期待と現実の訴訟活動のギャップ

　吉岡　はい。大川小事件は，子を失った遺族らにとって「勝って当然。負けたら弁護士の責任」と言われる事案でした。もともと，勝ち抜くこと自体，なかなか難しい事案でしたので，非常に重い荷物を背負った気分で訴訟活動をせざるを得ない気持ちもありました。もう一つ，勝訴確定後の今でも，悩んでいる点は，「遺族の裁判所に求める期待と現実の裁判とのギャップ」という問題です。どういうことかと言えば，原告となった遺族の方々は，市教委らから真実を告げられず，第三者検証委員会も遺族を得心させる調査結果を出してくれなかった以上，あとは法廷で唯一生存した教務主任に証人尋問をして，唯一現場を現認した大人から我が子の最後がどのようなものであったかを知ろうと考えました。と

ころが，裁判所は，子どもたちの最後よりも，予見時期はいつか，どこに避難すれば良かったかという要件事実だけに審理を絞り，その結果，原告らが知りたいと願う「子どもの最後の場面」は裁判所にとっては審理不要の事実とされてしまい，唯一の目撃証人であり，是非とも，法廷で証言を聞きたいと願った教務主任の尋問は不採用に終わってしまいました。遺族らが求めた裁判とは違った結果になってしまった点をどう解決すればいいのか，それとも，裁判とは，もともとそうしたものであり，子供の最後を知りたいとの願いは別のところで実現するのが筋だと考えるべきなのか，被害者が司法に求めるニーズをもっと組み入れた司法にすべきではないか，現時点でよくわからないまま熟知たる思いを抱き続けています。原告ら遺族は，現在も生存した教務主任からの話を聞けないままでいます。

　また，裁判所では，校長や市教委の証人尋問（しょうにんじんもん）が行われたのですが，彼らに対する証人尋問時間は，わずか1時間程度でしかなく，尋問中，「記憶にない」，「知りません」との答弁が繰り返され，刻々と尋問時間が少なくなっていき，遺族らは真実に迫れない不満やストレスを抱くようになります。また，とりわけ，私たちを苦しめたのが，死亡したお子さんの命を金銭に置き換えて，その金額が「損害」であるとして審理を続けなければならない，現行裁判の仕組みでした。

生命をお金にかえる　　　　　吉岡　現在，交通事故で死亡したお子さんの命の値段は判例で数千万円になる算定基準が確立しています。遺族が提訴しようとしたその頃，幼稚園児が幼稚園を被告として訴えた裁判の1審判決が出まして，それが4500万円前後というものでした。私たちは，弁護士として，判例を無視したリードはできませんので，正直に，「あなたのお子さんの命は4〜5000万円ですよ」と言わなければならない職責があります。しかし，一方で，4〜5000万円というと，ちょっとした高級自動車1台程度の金額です。それなのに，「あなたのお子さんは4〜5000万円ですね」というセリフは，口が裂けてもいえません。結局，私と齋藤さんは，遺族らに対し，「50億円と言われたって，そんな額でたまるかとの気持ちでしょう。印紙も多額なものになります。では5億円ならどうか。しかしそれでも世間は高額だと非難するでしょう。

ならば2億円ならどうか。それだって裁判所は『何を根拠にそんな請求をするのか』と言うでしょう。じゃ『取り敢えず1億円』を請求することとし，その算定根拠は，『本件裁判の審理終了までに主張する』と訴状に書いて提訴しよう」などと苦渋の選択のもと，訴状を作成しました。しかし，どうして被害者側に立つ私たち代理人が加害者側の思いを代弁するかのような「値付け」をしなければならないのでしょうか。また，交通事故で死亡したお子さんと大川小の津波で死亡したお子さんとで，はたして「損害」は同じでいいのでしょうか，もとはと言えば，命を金銭に置き換えるしか方法がないという現行裁判の仕組み自体が，被害者側遺族の心情を逆なでしてはいないか，さりとて「子どもを返せ」という訴えはありえないことです。遺族らは，裁判で勝ったものの，子どもは戻ってこないという現実の前で暗澹たる気持ちで今も暮らしています。何か名案はないか，このことを考えると，悶々とする毎日で，とうてい笑顔にはなれません。

重すぎる遺族の負担　　｜齋藤｜　笑顔になれないのは，大川小学校の児童の遺族はそれぞれ重た過ぎるものを背負って，これまで戦ってきたからではないでしょうか。

　東日本大震災の津波で，我が子を亡くしただけでも，たとえようのない悲しみや苦しみを抱えてきたはずですし，その我が子が亡くなったのが大川小学校であったことは，さらに支え切れないほど重たい負担だったのではないでしょうか。

　我が子の命が失われるに至った経緯と理由を知りたいと願い，訴訟提起に至るまで3年の間，石巻市（市教委）や学校と対峙して真実の究明に努力し，訴訟提起をした後も，社会的には監視されているのではないかとすら思えてしまうマスコミや社会の視線を浴びながら訴訟を闘い，その結果，裁判所が下した結論は，ひとことで言えば「救えた命だった」ことが，最高裁においてまで認められたということなのです。

救えた命だった　　｜齋藤｜　責任を追及すればするほど，我が子は死ななくてよかったということが明確にされてきたのです。こんなに悲しいことはないと思います。自分が頑張ってきたことが，

172

実は，我が子が亡くなる必要がなかった，その命を救うことができた，と裁判所によって認められたのです。この点も，本件がお金の問題ではないことを象徴的に表しています。

　このような裁判であったことを踏まえてみれば，吉岡弁護士が述べているとおり，我が子の命をお金に換えて請求せざるを得なかったこと，訴訟提起の段階では，遺族が最も望んでいた生存教員の証人尋問も実施できなかったこともあり，原告ら遺族の主張が認められる判決が確定しても，笑顔にはなれないのは，本件の訴訟がこのような実質をもっているものだからです。

修復的司法　　|齋藤|　近時，司法の在り方について「修 復 的 司 法」という考え方が主張されていますが，大川小学校の被災事件のような紛争こそ，修復的司法の重要性がもっと指摘されてもよいのではないかと思います。大川小学校の児童の遺族の中には，400 年近く続く家系の承継者であった我が子が大川小学校で犠牲になり，親族などからの無言の圧力などもあってか，不妊治療を受けざるを得なかった原告もありました。しかし，こうした原告が主張した不妊治療費の損害賠償請求については，1 審でも控訴審でも因果関係がないとして否定されています。不妊治療費が損害として請求できるか否かの民法上の考え方については，雑談程度だったかもしれませんが，河上先生にも 1 度相談させていただきました。法律上はこのような損害が認められるのはかなり難しいことは理解していましたが，修復的司法という観点からみたとき，これらの損害も，事故や事件と因果関係のある損害として，賠償を命じるべきではないかと思います。

事後的不法行為　　|齋藤|　また，原告ら遺族が非常に重要と考えていた，津波来襲後に救える可能性のあった児童の救護や，児童の亡骸の発見のための活動をかなり日数が経過するまでいっさい行わなかったことや，その後の登校式の強行，保護者説明会を巡る不手際や，市長の「宿命」発言など，その場での信じられない発言や児童からの聴き取り資料の廃棄など，**事後的不法行為**については，1 審も控訴審も責任を否定しています。しかし，この点も修復的司法という観点からみれ

ば，それでよいのか大きな疑問です。

　このように，大川小学校国賠訴訟では，訴訟という場では掬^{すく}い切れない問題が多々あり，これらについては1審でも控訴審でもこれらは判断されるべき問題とは捉えられていなかったり，現在の法令や法理論からは扱い切れない問題も多く，遺族にとってはとても重要な問題でありながら，このような結論となっているのがこの訴訟の結論だということです。

遺族の思いを法は掬^{すく}いきれなかった

　齋藤　大川小学校の国賠訴訟で裁判所が下した結論は，金銭賠償としてみれば，責任判断の枠組みも賠償金額も原告ら遺族の主張を概^{おおむ}ね汲みとったものとなっています。しかしながら，日本人の法意識とも関連しますが，原告ら遺族の本件訴訟に対する思いや期待は，ほんとうはそこにはなかった，裁判所が判断しなかったことに課題があったにもかかわらず，この点の判断がなかったり，遺族の考え方が承認されているとは言えないという意味で，笑顔で喜ぶべきものとは言えないという側面があるのです。

最後にひとこと

　河上　なるほど，法にたずさわる者にとってはほんとうに重い課題ですね。最後に，繰り返しになるかも知れませんが，お2人から，大川小学校事件判決にたずさわって，お考えになったこと，今後のことなど，自由にお話しいただければと思います。

新しい損害類型

　吉岡　はい。先ほども述べましたが，大川小事件のような自然災害がらみの事案について，現行の国家賠償訴訟の要件や一般民事での不法行為構成による理論構築は，どうもしっくりしていません。例えば，津波の「予見」とは，いったい何を予見すればいいのか，「因果関係」の規範的判断とは，裁判官のさじ加減で両極の結論になりはしないか，我が国の「損害論」の基本原理とされている「当事者間の公平な損害分担」という理念ではたしてよいのか，大川小事件のような悲惨で組織の落ち度が大きい災害事案の場合，もっと新しい損

害類型を構築すべきではないのか，という気分にさせられています。

　一方で，とても難しく困難な事案を齋藤さんと2人で取り組み，そして勝利したうえ，「組織的過失」という新論理を引き出せたという点で，とても嬉しく思います。また，原告になった遺族の方々も，子どもたちが学校安全に関する教訓を引き出した点で，子どもを失った悲しみとは別に，意義ある判決を生み出したことを喜んでくれました。この点では弁護士冥利につきる事案を担当させてもらったということになります。

親が子の代理人となる

吉岡　「親が亡くなった子の代理人弁護士になって裁判に挑む」という方針は，まさに遺族ら自身が事実上の弁護士となるとの自覚を奮い起こさせ，実際的にも，とても価値ある人的・物的証拠を蒐集・獲得してくれて，本件裁判を勝利に導く原動力になってくれました。これは，ある意味，きわめてイレギュラーな作戦ではありましたが，大川小事件にはうまく当てはまる仕掛けだったかもしれません。一方で，多数当事者が係わる事件では，どのように弁護団を組むのがベストか，いつも悩まされる問題です。通常，大川小事件のような大きな事案では，大弁護団を組織して訴訟を構えるというのが定石でありますが，私と齋藤さんは，たった2人で訴訟を担当することにしました。そのいちばんの狙いは，津波で証拠が散逸した状況下で証拠価値が高い証拠を見つけるのは，土地勘があり近隣関係者と親しい遺族でなければできないことだと直感したからですが，もう1つは，子を失った親がせめて子供のためにできることは親が子の代理人弁護士になって子供のために行動することではないか，その行動が落ち込んだ気持ちを奮い起こす契機になるのではないか，そして，裁判所で真実を究明し，お子さんが短い期間ではあったがこの世に存在した証を親の皆さんが作り上げることが，お子さんへの最大の供養ではないかと呼びかけたかったからです。もしも逆に，大川小事件で大弁護団を組織したとすると，意気消沈している遺族らは弁護士に頼りきってしまいますし，頼られた弁護士は，いったいどこにどんな重要証人や物証があるのか皆目分からないまま右往左往するとの構図が予想されたからです。しかし，はたして，こうした弁護団の組み方が正しかったのか，皆さんからのご批判を仰ぎたいところで

す。そして，様々な事件に関わるとき，弁護団をどのように結成することがベストなのか，教訓を導けたらよいなと思っています。

遺族の方々の勝利

齋藤　河上先生もご覧なったと伺いましたが，株式会社パオネットワークの寺田和弘ディレクターの制作された短編ドキュメンタリー「『大川小学校』の訴訟に挑んだ2人の弁護士」の最後に私自身のお見苦しい姿が映っています。この事件や訴訟をふり返ってみると，どうしても色々な思いが込み上げて来て，うるうるとしてしまいます。この訴訟の原告遺族の皆さんは，誰もかれもほんとうに素晴らしい方々で，亡くなった我が子のために父親として，母親としてほんとうに頑張ってこられたと思います。こうしたご遺族の皆さんが我が子のために信じられないくらいの頑張りと努力によって，歴史に残る司法の判断が出され，それが将来の学校防災の大きな礎となっていると思っています。その意味で，大川小学校の国賠訴訟で下された判断は，単なる一判例なのではなく，ここで示された判断の基準が，将来の自然災害などにおける学校現場での命をどれだけ救うことになるのかと思うと，大川小学校で亡くなったお子さんたちのご遺族の努力には，どうして報いてあげたらよいのか分からないくらいです。

共に闘えた幸せ

齋藤　最後に一言いわせてもらえれば，この訴訟に関わった7年間はほんとうに素晴らしい経験をさせてもらいました。人生の後半で，このような経験をさせてもらった吉岡弁護士には感謝しかありません。この事件の訴訟戦略的な意義は吉岡弁護士の説明のとおりですし，このような戦略を考え，実行してきた吉岡弁護士の才能には感嘆します。私は，吉岡弁護士が引いた路線にしたがって，1つひとつ課題をこなしてきたにすぎません。現代型の紛争は，複雑化し，巨大化しており，訴訟事件としても多数の弁護士が大弁護団を構成したり，巨大事務所がスタッフを多数動員して事件処理に当たっているのが当たり前なのですが，この訴訟はそれに真っ向から逆行するものだったかも知れません。しかし，組織が大きくなればなるほど，その管理や運営のための作業や仕組みが必要になりますし，関係者の認識や価値観を共通にするために，膨大な時間と労力，資料等の準備が必要です。しかし，40年

来の勝手知ったる友人どうしですと，お互いに必要なことを全部言葉で説明しなくても相互に理解を誤ることがなく，その意味で吉岡弁護士が立てた戦略が非常にうまく機能したとも考えられます。おまけに，原告らご遺族自身の活動が非常に重要な位置を占めており，これまで紹介したような遺族の努力なくしては，この結果は得られなかったと思います。

　このような意味で，大川小学校国賠訴訟は，亡くなった子どもたちが親を動かし，原告ら遺族が社会を動かし，そして裁判所を動かした結果，勝ち得た判決だったのではないでしょうか。

　河上　私も全く同感です。お話を伺いながら，この事件に取り組まれたお２人のご苦労が，今さらのように心に響きます。同時に，子どもたちのために，自ら代理人となって活躍されたご遺族の心情を考えると，胸が熱くなります。

　本書が，様々な年齢，職業の方々に，大川小学校津波被災事件判決を機縁として，学校事故の予防・防災にとどまらず，様々な組織やシステムの問題を考える機縁になることを願っております。そして，大川小学校津波被災事件を風化させないで，災害対策やより良い社会の構築のために，役立つことを祈念します。

　どうもありがとうございました。

【参考文献】

『ふるさと石巻の記憶——大津波襲来・東日本大震災：空撮 3.11 その前・その後』（三陸河北新報社，2011 年）

NHK 東日本大震災プロジェクト『証言記録 東日本大震災』（NHK 出版，2013 年）

池上正樹・加藤順子『あのとき、大川小学校で何が起きたのか』（青志社，2012 年）

池上正樹・加藤順子『石巻市立大川小学校「事故検証委員会」を検証する』（ポプラ社，2014 年）

大川小学校事故検証委員会「大川小学校事故検証報告書」（2014 年）

学校災害対応ハンドブック編集委員会 編『Q&A 学校災害対応ハンドブック』（ぎょうせい，2011 年）

河北新報社報道部『止まった刻——検証・大川小事故』（岩波書店，2019 年）

喜多明人＝橋本泰宏＝船木正文＝森浩寿 編『解説 学校安全基準』（信山社，2008 年）

鈴木秀洋『自治体職員のための 行政救済実務ハンドブック 改訂版』（第一法規，2017 年）

鈴木秀洋「大川小津波高裁判決が行政に求める安全確保義務——いま行政が取り組むべきこと」自治研 94 巻 7 号（2018 年）

鈴木秀洋『虐待・DV・性差別・災害等から市民を守る——社会的弱者にしない自治体法務』（第一法規，2021 年）

佐藤晴雄 編集『校長入門——新任校長の職務と心得』（教育開発研究所，2011 年）

寺崎千秋 編著『学校管理職のための問題解決 Q&A』（ぎょうせい，2011 年）

日本安全教育学会 編『災害——そのとき学校は：事例から学ぶこれからの学校防災』（ぎょうせい，2013 年）

宮城県教職員組合 編『教職員がつづる東日本大震災——学校で何があったのか 語りたい、残したい、伝えたいこと 第 2 集』（宮城県教職員組合，2012 年）

宮城県教職員組合 編『子どもの「いのち」を守りぬくために 東日本大震災を心に刻む——学校で何があったのか語りたい、残したい、伝えたいこと 第 3 集』（宮城県教職員組合，2014 年）

宮城県保育協議会調査研究委員会「『2011.3.11 その日保育所（園）は』被災体験をとおして——東日本大震災の記録」（2014 年）

『津波被災前・後の記録——宮城・岩手・福島　航空写真集』社団法人東北建設協会（2012 年）

『津波からの生還——東日本大震災・石巻地方 100 人の証言』三陸河北新報社「石巻かほく」編集局（2012 年）

『釜石の奇跡——どんな防災教育が子どもの"いのち"を救えるのか？』NHK スペシャル取材班（2015 年）

【執筆者紹介】

河上正二（かわかみ　しょうじ）
　東京大学名誉教授，東北大学名誉教授，青山学院大学客員教授
〈主著〉『約款規制の法理』（有斐閣，1998 年），『民法学入門〔第 2 版増補版〕』
　（日本評論社，2014 年），『民法総則講義』（日本評論社，2007 年），『物権法講
　義』（日本評論社，2012 年），『担保物権法講義』（日本評論社，2015 年），『実
　践消費者相談』（編著，商事法務，2009 年），『消費者契約法改正への論点整理』
　（編著，信山社，2013 年），『消費者委員会の挑戦』（信山社，2017 年），『歴史
　の中の民法──ローマ法との対話』（訳著：オッコー・ベーレンツ著，日本評論
　社，2001 年）

吉岡和弘（よしおか　かずひろ）
　弁護士（仙台弁護士会），吉岡法律事務所。2007 年日弁連消費者問題対策委員
　会委員長，2017 年適格消費者団体・消費者市民ネットとうほく代表，2018 年
　欠陥住宅被害全国連絡協議会代表
〈主著〉「消費者庁の創設と会社解散命令」津谷裕貴弁護士追悼論文集『消費者取
　引と法』（民事法研究会，2011 年），「欠陥住宅紛争と弁護士実務」平成 28 年
　度研修版・日弁連研修叢書『現代法律実務の諸問題』（第一法規，2017 年），
　「建築瑕疵扮装の実務について」令和元年度研修版・日弁連研修叢書『現代法
　律実務の諸問題』（第一法規，2020 年）

齋藤雅弘（さいとう　まさひろ）
　弁護士（東京弁護士会），四谷の森法律事務所。消費者庁参与（2011 ～ 2014
　年），日本弁護士連合会消費者問題対策委員会委員，一橋大学・早稲田大学の
　各法科大学院，同大学・亜細亜大学の各法学部非常勤講師，（独）国民生活セン
　ター客員講師など。
〈主著〉『預金者保護法ハンドブック』（編著，日本評論社，2006 年），上記『消
　費者取引と法』（編著），『電子商取引法』（編著，勁草書房，2013 年），『電気
　通信・放送サービスと法』（弘文堂，2017 年），『消費者法講義［第 5 版］』（編
　著，日本評論社，2018 年），『特定商取引法ハンドブック［第 6 版］』（共著，
　日本評論社，2019 年），『条解消費者三法（第 2 版）』（共著，弘文堂，2021 年）
　など。

みなそこ　すく
水底を掬う

── 大川小学校津波被災事件に学ぶ ──

2021(令和3)年11月20日　第1版第1刷発行
2024(令和6)年1月25日　第1版第2刷発行
8501：P192　¥1800E-012-020-005

河　上　正　二
著　者　吉　岡　和　弘
齋　藤　雅　弘
発 行 者　今井 貴・稲葉文子
発 行 所　株式会社信 山 社
〒113-0033 東京都文京区本郷6-2-9-102
Tel 03-3818-1019　Fax 03-3818-0344
info@shinzansha.co.jp
出版契約 2021-8501-7-01011 Printed in Japan

法律学の森シリーズ
変化の激しい時代に向けた独創的体系書

新契約各論Ⅰ／潮見佳男

新契約各論Ⅱ／潮見佳男

新債権総論Ⅰ／潮見佳男

新債権総論Ⅱ／潮見佳男

債権総論／小野秀誠

不法行為法Ⅰ(第2版)／潮見佳男

不法行為法Ⅱ(第2版)／潮見佳男

フランス民法／大村敦志

憲法訴訟論(第2版)／新 正幸

イギリス憲法(第2版)／戒能通厚

会社法論／泉田栄一

新海商法／小林 登

刑法総論／町野 朔

韓国法(第2版)／高 翔龍

信山社

◆ 信山社ブックレット ◆

＜災害と法＞ど〜する防災 土砂災害編／風害編／地震・津波編／
　　　　　　　　　　　　　　水害編
　　村中洋介 著

たばこは悪者か？ ― ど〜する？ 受動喫煙対策
　　村中洋介 著

女性の参画が政治を変える ― 候補者均等法の活かし方
　　辻村みよ子・三浦まり・糠塚康江 編著

【自治体の実務1】空き家対策 ― 自治体職員はどう対処する？
　　鈴木庸夫・田中良弘 編

テキストブック法律と死因究明
　　田中良弘・稲田隆司・若槻良宏 編著

求められる法教育とは何か
　　加賀山茂 著

核軍縮は可能か
　　黒澤 満 著

検証可能な朝鮮半島非核化は実現できるか
　　一政祐行 著

国連って誰のことですか ― 巨大組織を知るリアルガイド
　　岩谷暢子 著

経済外交を考える ―「魔法の杖」の使い方
　　高瀬弘文 著

国際機関のリーガル・アドバイザー
　　― 国際枠組みを動かすプロフェッショナルの世界
　　吉田晶子 著

ど〜する海洋プラスチック（改訂増補第2版）
　　西尾哲茂 著

求められる改正民法の教え方
　　加賀山茂 著

信山社

現代選書シリーズ

未来へ向けた、学際的な議論のために、
その土台となる共通知識を学ぶ

信山社

消費者法研究　1〜10号 続刊

河上正二 責任編集

遠隔講義 消費者法 2021

河上正二 著

新ブリッジブック鳥瞰民法（全）

河上正二 著

消費者委員会の挑戦
—消費者の安全・安心への処方箋を求めて—

河上正二 著

消費者契約法改正への論点整理

河上正二 編著

人間の尊厳と法の役割
—民法・消費者法を超えて—

廣瀬久和先生古稀記念

河上正二・大澤彩 編

民法研究【第2集】〔東アジア編〕
1〜9号 続刊

大村敦志 責任編集

不法行為法における法と社会
—JR東海事件から考える—
【民法研究レクチャー・シリーズ】

瀬川信久 著

信山社